V&R

Monika Müller / Matthias Schnegg

Unwiederbringlich
Von der Krise und dem Sinn der Trauer

Vandenhoeck & Ruprecht

Bibliografische Information der Deutschen Nationalbibliothek

Die Deutsche Nationalbibliothek verzeichnet diese Publikation in der Deutschen Nationalbibliografie; detaillierte bibliografische Daten sind im Internet über http://dnb.d-nb.de abrufbar.

ISBN 978-3-525-40267-2

Weitere Ausgaben und Online-Angebote sind erhältlich unter: www.v-r.de

Umschlagabbildung: Edvard Munch, Melancholie, 1906/akg-images

© 2016, Vandenhoeck & Ruprecht GmbH & Co. KG,
Theaterstraße 13, D-37073 Göttingen /
Vandenhoeck & Ruprecht LLC, Bristol, CT, U.S.A.
www.v-r.de
Alle Rechte vorbehalten. Das Werk und seine Teile sind urheberrechtlich geschützt. Jede Verwertung in anderen als den gesetzlich zugelassenen Fällen bedarf der vorherigen schriftlichen Einwilligung des Verlages.
Printed in Germany.

Satz: SchwabScantechnik, Göttingen
Druck und Bindung: ♁ Hubert & Co GmbH & Co. KG,
Robert-Bosch-Breite 6, D-37079 Göttingen

Gedruckt auf alterungsbeständigem Papier.

Inhalt

Vorwort 9

Trauer als Teil jeden Lebens

Trauer als Patin des Verlustes 13
Die »ganz normale« Trauer und die »erschwerte« Trauer 14
   Die ganz normale Trauer 14
   Die erschwerte Trauer 16
Trauer auslösen statt auflösen 21
   Der Schrei nach schneller Lösung 21
   Trauern ist anstrengend – für die Betroffenen und ihr Umfeld 23
   Trauer durchleben im sozialen Umfeld 23
Vom Wesen des Trostes 25
   Trost aus Urerfahrungen 25
   Unterschiedliche Tröster 26
Trauer als persönlicher Werde-Gang 28
   Trauer ist ein Gang, ein Weg, ein Prozess 28
   Der fortschreitende Prozess 29
Trauer als Entdeckung anderer Lebenswirklichkeiten 30
   Dem Prozess trauen 30
   Schöpferische Kraft als Notventil 31
   Sozial neu lernen 33
Verschiedene Ebenen der Trauer 34
   Die Trauer um den anderen und das Ideal von ihm 34
   Die Trauer um sich selbst 35
   Trauer(vermeidung) als gesellschaftliches Phänomen 38
Trauer als fundamentale spirituelle und religiöse Krise ... 41
   Lebensfrage ist Gottesfrage 41

Infragestellung von Gottesbildern   43
Bis zum Gotteshass: Von Gottverlust und Gottessehnsucht   45
Gemeinschaft der Glaubenden   47
Geistliche Begleitung   48

Trauer erleben – Vom ganz normalen Chaos der Trauer

Das ganz normale Chaos der Trauer   55
Abschied von der Normalität   56
   Isolation und Verlust von Freunden   57
   Das soziale Netz in der Trauer   63
   Besetzung durch die Trauer   64
   Zweifel an der eigenen Lebenskraft im sozialen Umfeld . . .   66
Verzweiflung   67
   Verzweiflung ist, weil sie da ist   67
   Verzweiflung, weil das Leben entzweit ist   68
   Hilfe in Verzweiflung zwischen
   Totsein-Wollen und Leben-Wollen   70
   Verzweiflung ist kein Verschulden   71
   Begleitendes in Verzweiflung   72
   Das Werden aus der Verzweiflung heraus   74
   Gottverloren   75
   Verzweiflung – ein großes Trauerereignis
   und großes Trauergefühl   75
Schuld   77
   Schuld ist menschlich   77
   Schuld auf dem Trauerweg   78
   Vom Sinn der Frage nach Schuld   80
   Schuld, die ist   81
   Schuld, die objektiv keine ist   83
   Schuld hat eine Aufgabe in der Trauer   83
   Wie damit leben, wenn die Schuld zu meiner Trauer gehört?   85
   Zuschreibungen an andere   86
   Vergebung   89

Das dunkle Gefühl der Rache 90
Lebensgeschichte und Trauerwegsgeschichte 91
Schuld als Verbindung zum Verlorenen 91
Kinder und Schuldgefühle 92
Die Kraft der Wut 93
Die Macht der Ohnmacht 95
Die Mitspieler Neid und Eifersucht 96
Vervollständigung des Bildes 98
Der Wunsch nachzusterben 99
Umwandlung des Lebens 102

Wie Menschen einen Umgang mit ihrer Trauer finden

Unwiederbringlich – Von der Schwierigkeit, den Verlust
als wirklich wahrzunehmen 107
Unwiederbringlichkeit als Trauererfahrung 108
Verleugnen als Schonraum der Seele 109
Das Schreckliche be-greifen 114
Was ich gern noch gesagt hätte 117
Trauer veröffentlichen 121
Trauer zeigen – Trauerzeichen 121
Trauerkleidung 122
Traueranzeige 122
Kondolenzbesuch 123
Kondolenzschreiben 124
Gedenkfeiern 125
Grabgestaltung 125
Ist denn das normal? – Von der Schwierigkeit,
den Trauerschmerz zu erfahren und zu durchleiden 127
Seine ureigene Trauer leben 129
Wie oft willst du das noch erzählen! – Was gut tut
und was nicht gut tut 132
Religion – eine Hilfe in der Trauer? 135

»Das Leben ist durch und durch anders« –
Von der Schwierigkeit, eine Welt anzunehmen, in der der
verlorene Mensch so sehr fehlt, und sich ihr anzupassen 137
    Wo finde ich ihn? 139
    Wie hätte sie es gemacht? – Der verstorbene Mensch
    als innerer Begleiter und Ratgeber 142
    Zurecht-rücken des Bildes (Glorifizierung und Bewertung) 145
    Die »mehrgleisige« Trauer 150
    Was hat der Verstorbene in meinem Leben übernommen,
    was ich selbst übernehmen kann? 153
    Und immer wieder holt der Schmerz mich ein 156
    Das »Recht« auf Glück? – Was mutet mir dieses Leben nur zu! 158
Es wird alles wieder gut, aber nie wieder wie vorher –
Von der Schwierigkeit, das neue Leben zu gestalten und dem
verlorenen Menschen einen anderen Platz darin zu geben und
die Bindung an ihn in neuer Weise fortzusetzen 163
    Treuebruch? 164
    Vom Unsinn des Loslassens 165
    Chronischer Schmerz 168
    Meinen wir den Gleichen? – Von der Verschiedensicht-
    lichkeit und Ungleichzeitigkeit der Trauer 170
    Und die Kinder? – Was es gilt, beim Durchleben
    eines Verlustes im Blick auf Kinder zu beachten 174
    Was bleibt und nicht mit dem Verstorbenen gegangen ist 178
    Abschiedsgeschenk 181

Adressen 185

Literatur 186

Vorwort

Bei unseren Ausführungen geht es nicht um die Vermittlung theoretischen Wissens oder um die Diskussion von Trauerkonzepten oder Trauermodellen. Auch verzichten wir darauf, sogenannte Trauer*aufgaben* zu benennen und den Trauernden zu stellen, weil wir erlebt haben, dass manche diese Aufgaben mit Anstrengung und Leistungen verbinden und ihnen das im Durchleben und Durchleiden der Trauer eine zusätzliche Mühe scheint. Begriffe wie »Symptome« werden vermieden, weil Trauer keine Krankheit ist.

Die jeweiligen Kapitel sind gewachsen aus Erfahrungen, aus unseren Begegnungen mit unmittelbar Betroffenen und aus den Begleitungen trauernder Menschen.

Es ist uns wichtig, diese Erfahrungen nicht nur für sich sprechen zu lassen, sondern sie unter übergeordneten Gesichtspunkten zusammenzufassen. Dies soll dem Leser eine Ordnung an die Hand geben, die zum Verstehen von Trauer, ihrem Wesen, ihrem Ablauf, ihren möglichen Komplikationen und ihrem Wert für das Leben führt. An eine endgültige Verarbeitung von Trauer im Sinne einer Erledigung eines schweren Geschäftes glauben wir nicht, weil die Ursache der Trauer, der Verlust, bleibt; wir vertrauen aber wohl auf die Möglichkeit und Fähigkeit von trauernden Menschen und ihren Begleitern, einen Umgang mit ihr zu finden, der seelisches Gleichgewicht, Lebensqualität und -perspektive, vertieftes Verständnis für sich und andere und Sinnfindung zeitigt.

Als Adressaten dieses Buches haben wir verschiedene Menschen im Blick: zuerst einmal diejenigen, die am meisten leiden, die Trauernden selbst. Sie mögen sich wiedererkennen in den Schilderungen, erleben, dass sie nicht allein auf der Welt diesen Schmerz kennen und Mut fassen; dass sie nicht »verrückt« sind, weil sie das bisher so Ungewöhnliche in der Trauer an sich selbst erleben; dass sie bestimmte Umgangsmöglichkeiten für sich andenken, vielleicht auch ausprobieren können.

Außerdem sind auch Angehörige, Freunde, Kollegen und andere Begleiter angesprochen, die ihrem mangelnden Zugang zum Thema Trauer, ihren Hemmungen und ihrer Hilflosigkeit aufhelfen mögen.

Monika Müller und Matthias Schnegg

Trauer als Teil jeden Lebens

Trauer als Patin des Verlustes

Trauer gibt es in jedem Menschenleben. Viele erschrecken davor, viele fühlen sich in ihr gefangen, viele versuchen sie abzuschütteln. Viele wollen sie verleugnen. Einigen gelingt es, sie ohne größere erkennbare Schäden wegzudrücken. Nicht wenige haben gelernt, mit ihr umzugehen.

Trauer kommt in jedes Leben. Sie ist keine Frage des Alters, keine Frage des Wohlstandes, keine Frage des Geschlechtes, keine Frage der Bildung, keine Frage von Rasse und Religion; sie kommt in jedes Leben.

Gesellschaftlich am ehesten anerkannt ist sie – wenigstens für eine gewisse Zeit –, wenn ein Mensch gestorben ist. Aber nicht nur der Tod löst Trauer aus. Trauer ist die »Patin« jedes Verlustes und Abschiedes. Sie ist da und lässt – obwohl doch Patin des Verlustbegreifens! – den/die Betroffene/n sich oft so unsäglich hilflos erleben. Im Zustand der Trauer greifen viele Schutzmechanismen nicht mehr. Die Flut vieler gescheiter Worte kann sie nicht lösen. Wenn andere von ihrer Trauer berichten, hilft dies auch nur begrenzt. Vermeintlich zur Verfügung stehende Sicherheiten wie Geld und Gott geben nicht selbstverständlich Halt. In trauerlosen Tagen steht uns vieles zur Verfügung, was dem Leben Schwung und Leichtigkeit wie von selbst zu geben vermag – die Kräfte des Verstandes, die Fertigkeiten praktischer Lebenskunst, so großartige Gaben wie Kreativität und Lebenslust. In Zeiten der Trauer verlieren all diese Möglichkeiten an selbstverständlicher Stützkraft. Trauernde fühlen sich oft unentrinnbar eingesperrt, sind hilflos, weil manche Kontrollmechanismen zum Schutz der Seele und zur Aufrechterhaltung der Alltagstauglichkeit nicht mehr greifen. Es gibt Momente, da können keinerlei Anstrengung, kein Willenszwang der Trauer etwas entgegensetzen. Trauernde fühlen sich ausgeliefert und spüren die Angst vor dem Alleinsein in diesem Erdenleben – und gleichzeitig die Bedrohlichkeit der Nähe von Menschen, die dieser Trauer ihre Macht absprechen wollen. Die Trauer schmerzt und besetzt das

Leben und quält – und ist dennoch unverzichtbar, »gewollt«, Not wendend, um begreifen zu lernen, wie ungeheuerlich der Verlust das eigene Leben verändert, bedroht, zerbricht.

Die Erfahrung der Trauer bricht in ein Leben ein, lässt neu ordnen, bricht manches Alte ab. Was im Prozess der Trauer oft nur als Vernichtung wahrgenommen wird, als »Leben gegen das Leben«, kann zur Erfahrung neuer Lebensmöglichkeiten kommen, die deutlich *anders,* jedoch nicht grundsätzlich schlechter sein müssen. Aber es ist unangemessen, diese Perspektive an den Anfang eines Trauerweges zu stellen, denn nichts liegt da ferner, als sich eine neue, bisher noch gar nicht gekannte Lebensmöglichkeit vorzustellen. Die Trauer weint und grämt und leidet dem Verlorenen nach.

Es ist daher vermessen, dem teils bis an den Lebensabgrund führenden Trauerweg die Möglichkeit des neuen Lebensgrundes aufzumalen, so als sei das Trauern nur ein *Als-ob;* unachtsam ist es, im Wissen um mögliche Lebensreifung durch Krisen die Trauer als zwar schwer, aber letztlich aushaltbar verharmlosend hinzustellen. Es ist aber ebenso unmenschlich, der Trauer absprechen zu wollen, dass in ihr nicht nur Erfahrung des Untergangs, sondern auch des neuen Lebens stecken. Dieses Wissen ist gut aufgehoben bei denen, die nicht selbst in der akuten Trauer stehen und Mitlebende oder Begleitende sind. Sie können als Lebensgrund bewahren – *anwaltschaftlich –,* was für den Trauernden nicht denkbar, auch zunächst gar nicht gewollt ist. »Wie soll neues Leben ohne den Verlorenen gehen, wenn nicht über das Empfinden des Verrates«, so klingen geläufige Gedanken derer, die in Trauer leben.

Die »ganz normale« Trauer und die »erschwerte« Trauer

Die ganz normale Trauer

Die Trauer kommt in jedes Leben. Sie ist nicht erst da, wenn ein uns naher Mensch gestorben ist. Sie ist immer dann in uns, wenn wir Verluste ertragen: Kinder, die nicht genügend Antwort auf ihre

Sehnsucht nach Liebe und Geborgenheit finden, trauern; Jugendliche, die bestimmten Maßstäben der Erwachsenen nicht genügen oder im Trend ihrer Generation nicht mitkommen, trauern; Menschen, die ihre Arbeit verlieren, Menschen, die durch Erreichen der Altersgrenze ausscheiden, trauern; Menschen, die ihre nicht rückgängig zu machende Schuld beklagen müssen, trauern; Kranke, die durch ihre Krankheit bleibend gezeichnet sein werden, die ein Organ verloren haben, die auf Medikamente oder Maschinen dauerhaft angewiesen sind, die auf keine heilende Befreiung aus der Krankheit mehr hoffen dürfen, trauern; Alte, deren Körperschönheit erschlafft, deren Gedächtnis sie im Stich lässt, trauern; Menschen, die plötzlich mit körperlichen oder seelischen Behinderungen leben müssen, trauern; Frauen und Männer, deren Liebe keine Kraft mehr hat, die über Missachtungen, Verletzungen, Demütigungen und Selbstverleugnung sich zum gegenseitigen Verlassen entschieden haben, trauern; Leute, deren Lebenswerk und Zukunftspläne, deren Heimat, Ansehen, Hoffnungen – durch welche Gründe auch immer – aufzugeben sind, trauern; Sterbende und ihre Angehörigen trauern längst vor dem Tod, denn der absehbare Abschied, die Ahnung des Verlustes, bekommt die Trauer als Patin zugestellt.

Vielfältig ist die Trauer – und es leuchtet ein, dass Trauer ein Teil unseres Lebens ist – wie Lust, wie Freude, wie Schuld, wie Enttäuschung, wie Angst. Trauer ist ein sehr starkes Gefühl, weil sie sich nicht einfach wegmachen lässt.

Weil nun aber Trauer in jedem Menschenleben vorkommt, ist sie zunächst etwas ganz Normales. Sie ist nicht der Ausnahmefall von Leben, sie ist nicht die Katastrophe, die grundsätzlich ein bösartiges Schicksal hinter sich hat. Die Trauer ist *normal*, ein Bestandteil und eine Aufgabe des Lebens. Sie ist in ihrer Macht und Gewalt nicht zu unterschätzen. Die meisten Menschen werden mit dieser ganz normalen Trauer fertig, durchleben sie – nicht selten über mehrere Jahre – und lernen mit ihr neu und gar auch wieder lustvoll zu leben. Da reicht meist ein geringes Maß an Stütze und Begleitung, um diese Herausforderung sinnerneuernd zu meistern.

Die erschwerte Trauer

Anders verhält es sich mit der erschwerten Trauer. Sie ist mehr als ein mühsamer und quälender Weg durch Verlust und Abschied. Sie ist ein Leiden, das besondere Hilfe braucht und sich diese auch suchen soll. Erschwerter Trauerverlauf bedeutet, dass Elemente normaler Trauerreaktionen anhaltend bestehen bleiben, sich intensivieren oder sich anhaltend in körperlichen Beschwerden ausdrücken. Die zeitliche Ausdehnung, die Intensität und die qualitative Ausprägung der Trauer weichen von der normalen Trauer ab. Der Übergang von der normalen zur erschwerten Trauer ist fließend.

Gesellschaftlich ist es selbstverständlich, dass bei körperlichen Leiden der Arzt, die Ärztin zur Hilfe gerufen werden müssen; ja es ist geradezu ein Makel, wenn Kranke nicht rechtzeitig und beständig genug nach Hilfe rufen. Bei Trauernden, deren Leben und Leiden sie krank gemacht hat, ist das Zögern oft häufiger.

Die erschwerte Trauer kann in der verinnerlichten Lebensgeschichte des Trauernden begründet sein. Manchmal haben Trauernde bis kurz vor dem Anlass ihrer Trauer – meist unbewusst – viel Energie aufgewandt, um Angst im und vor dem Leben abzuwehren. Durch die Trauer aber lassen sich solche Angstabwehrmechanismen nicht immer aufrechterhalten. Dann können wie aus vermeintlich heiterem Himmel tiefe Wunden von Liebesentzug, Verlustangst und Lebenszweifel aufbrechen:

Eine heute über 70 Jahre alte Frau kommt durch das Erleben des Todes eines ihr sehr nahe stehenden Familienmitgliedes an über 60 Jahre alte Wunden: an nie angesprochenen Missbrauch in Jugendjahren, an innerfamiliär verordnete Totschweigegebote über mehrere Suizidversuche, an antwortloses Liebeswerben um die Zuwendung des Vaters, der außer Depression ihr nichts als sie verbindendes Lebensgefühl hinterlassen konnte.

Unschwer ist hier zu erkennen, wie durch den Verlust eines geliebten Menschen die ganze Gefährdung des Lebens in der eigenen Geschichte offenbar wird.

Bei vielen Trauernden öffnen sich alte, bisher nicht geheilte Lebenswunden. Das Erschrecken darüber sitzt tief, lässt die Trauer noch undurchstehbarer erscheinen, als es bei der normal schweren Trauer schon der Fall ist. Das Erschrecken stößt neben der Verlusttrauer noch tiefer in das befürchtete schwarze Loch, als da längst abgelegt geglaubte Verletzungen und Ängste und Zweifel wieder wach werden.

Merkmale erschwerter Trauer sind:

1. Von *erschwerter* Trauer reden wir, wenn sie den Kontakt zur Ursache, zum konkreten Verlust nicht finden kann. Da ist die grundsätzliche Lebenstrauer Thema geworden und drückt auf Dämme, die bisher halten konnten. Der akute Traueranlass ist jetzt Auslöser dieser Grundlebenstraurigkeit.

2. Erschwert ist eine Trauer auch dann, wenn sie sich auf Dauer nicht zulassen kann. Es ist davor zu warnen, einen Menschen – meist guten Willens von eifrigen Angehörigen oder Trauerbegleitenden – zum Kontakt zu seiner Trauer zwingen zu wollen. Es gibt immer wieder Eifrige/Eifernde, die Verdrängungen als Versagen brandmarken – so, als mangle es an Willen und Bereitschaft zur Einsicht. Zum Schutz der Trauernden, die ihre Trauer nicht zulassen (können), sei ein Verständnis für das Verdrängen bekundet. Die Verdrängung hat ihren innerpsychischen Sinn für den, der sie gebraucht. Damit ist nicht gesagt, dass sie sich hilfreich oder gar heilsam auswirkt. Aber die Würdigung der Verdrängung als ein momentanes Mittel, mit sich und dem Leben umgehen zu können, eröffnet weit mehr die Chance, dass der Trauernde sich seinem Trauerschmerz zuzuwenden lernt. Hilfreich, wenn der Schutzmantel der zurückstellenden Verdrängung gehoben werden kann. Denn es ist schon so, dass

nicht gelebte Trauer zusätzliche Erschwernis ins Leben tragen kann. Sie wird Wunde in der Seele bleiben, auch wenn sie bewusst nicht offen zugelassen wird. Nicht selten kostet es viel Energie, diese Trauer abzuspalten. Nicht gelebte Trauer kann auch Ursache für später aufkommende körperliche und/oder seelische Krankheiten sein. Wenn wir uns vergegenwärtigen, wie viel Lebensenergie an Leib und Seele ein *gelebter* Trauerweg braucht, dann ahnen wir, wie vieler – bei aller Würdigung des Sinnes einer Verdrängung – Lebenskraft es bedarf, diesen Druck, diese mögliche Gewalt der Lebensanfrage durch den Verlust abzuwehren und zu unterdrücken. Die Trauer ergreift den ganzen Menschen.

Wenn es jetzt so erscheint, als könne man beliebig mit dem Anschauen der Trauer jonglieren, so ist das ein Irrtum. Viele Menschen, die eine tiefe Trauer in sich tragen, haben keinen Zugang dazu, wissen nicht einmal um diesen Schmerz. Bestenfalls wabert etwas im Untergrund, das sich gelegentlich bemerkbar macht, ohne sich beim Namen nennen zu lassen. Daher ist es hilfreich, die Trauer als Mitursache auftretender, vermeintlich unerklärlicher körperlicher und/oder seelischer Krankheiten mit in den Blick zu nehmen. Manchmal öffnet sich auf diesem Weg die innere Erlaubnis, aber auch die sich zumutende innere Kraft, sich der Katastrophe zu stellen, die der Verlust an Leib und Leben, an Gesundheit und Vertrauen angerichtet hat. Es ist also hilfreich, bei schwer oder gar nicht erklärbaren Erkrankungen (vor allem auch bei chronisch verlaufenden) sich selbst oder aber auch in Diagnose und Therapie die Frage nach Verlusterleben und gelebter Trauer zu stellen und zu berücksichtigen.

3. Erschwert ist auch eine Trauer, die keine Bewegung hat. Es gibt Anteile der Trauer, bei der Trauernde – so widersprüchlich das klingen mag – wie im Selbstschutz der Erstarrung verharren wollten, weil ihnen ihr Verlorener dadurch wenigstens nahe scheint. Als Durchgangsphasen sind derlei Erlebnisse durchaus sinnvoll; wenn sie versteinern, können sie zur Bedrohung des Lebens ausarten.

Um keiner Überforderung oder auch vorschnellen Etikettierung der *krankhaften* Trauer das Wort zu reden, ist wichtig anzumerken, dass Bewegung im Fall der Trauer keine Geschwindigkeit und keinen normierten Zeitplan meint. Es kann sehr wohl sein, dass eine Trauer sich fast unmerklich bewegt, für weniger Erfahrene tatsächlich unmerklich, die Trauer aber dennoch lebendig geblieben ist. Auch die Selbsteinschätzung der Trauernden auf die Bewegung ihres Trauergeschehens hin hält sie oft eher für steinern, festgefahren, weil alles immer nur um das Eine zu kreisen scheint, und das in immer gleichen oder zumindest sehr ähnlichen Drehungen. Darin kann es dennoch fast unmerkliche Abweichungen vom vermeintlich immer Gleichen geben, Abweichungen, die Bewegung beschreiben. Dabei handelt es sich nicht selten um Veränderungen im Kleinstbereich – in allerkleinster Lösung aus dem Immergleichen des Teufelskreises. Eine gewisse Gelassenheit des Umfeldes ist hilfreich, um diese auch kleinsten Bewegungen zu registrieren, für den Trauernden zu benennen und als wissende Wahrnehmung zu bewahren – gegen die Vergeblichkeitsempfindung, dass alles so unendlich schwer geht, sich wie versteinert anfühlt.

Nach einem langen und qualvollen Sterben ihres Mannes hat Frau M. sich dem Leben grundsätzlich verschlossen. Sie lehnte jeden Kontakt außerhalb der Familie ab. Selbst die Angehörigen stöhnten nach ein paar Jahren, dass sie sich völlig in den Zorn gegen den Tod verbissen hatte. Keine Möglichkeit, auch nur über ihre Gemütsverfassung zu sprechen. Alles erstickte sofort in dem Vorwurf, dass dieser Tod nicht habe sein dürfen. Sie ging jeden Tag zum Gottesdienst, fand aber auch da keinen Trost, sondern unausgesprochen ein Forum des Vorwurfes gegen Gott, der ihr das zumutete. Die sozialen Kontakte brachen nach und nach weg, nicht zuletzt, weil – wie frühere Freunde sagten – sie sie weggebissen hat. Als 15 Jahre später Frau M. starb, hat die Tochter gesagt, dass sie es irgendwann aufgegeben habe, die Mutter aus dieser Kummererstarrung herausholen zu wollen. »Das war ihre Art, dem Tod die Macht zu verweigern.«

Wir dürfen davon ausgehen, dass Trauer sich nicht einfach wegschieben lässt. Trauer muss nicht dauerhaft krank machen. Trauer kann sehr wohl ganz neue Lebendigkeit hervorlocken; nicht zugelassene Trauer ist eher ein Lebensverhinderer – somit eine erschwerende Trauer, die zum Problem der erschwerten Trauer werden kann.

4. Erschwerte Trauer wird möglicherweise ebenfalls zu erwarten sein bei besonders belastenden Verlustursachen wie Tod eines Kindes, Unfalltod, Suizidtod, Tod durch Gewalt, nicht gesicherte Tode (ohne Auffinden einer Leiche, verschollene Menschen), auch sehr plötzliche Verläufe und tabuisierte Krankheiten.

Bei erschwerter Trauer kann es hilfreich sein, professionelle Hilfe als Trauerbegleitung durch (darin erfahrene!) Therapeuten, Ärzte, Sozialarbeiter oder Seelsorger in Anspruch zu nehmen. Es ist nicht einfach, »darin erfahrene« Helfende zu finden. Örtliche Hospizdienste oder überregionale Hospizvereinigungen und Therapeutenverbände können vielleicht Wege weisen.

Es bleibt schwierig, eine klare Trennlinie zwischen *normal schwerer* und *erschwerter* Trauer zu ziehen. Die hier aufgeführten Merkmale können lediglich Anhaltspunkte geben. Immer gilt es, die eigenen Kraftquellen den schmerzlichen sicht- und spürbaren Reaktionen auf den Verlust gegenüberzustellen. Oftmals sind das Eingebundensein in Familien- und/oder Freundeskreis, die Befriedigung eines Berufslebens, tragende Wert- und Sinnvorstellungen eine große Hilfe, der Trauer trotz heftiger Verlustsituationen den natürlichen Gang und Rhythmus zu belassen. Es wäre ein ungutes Missverständnis, Trauernde glauben zu machen, dass ein plötzlicher oder gewaltsamer Tod oder eine höchst ambivalente Beziehung zum Verstorbenen automatisch einen erschwerten Trauerverlauf nach sich ziehen.

Eine junge Frau hat durch eine Enzephalitis-Epidemie auch ihr zweites Kind innerhalb von wenigen Wochen verloren. Nach Wochen der Starre und Schuldzuweisungen an sich und andere glaubt in ihrem Umfeld niemand daran, dass Frau S. mit diesen Verlusten in den Alltag und ihre frühere positive Lebenseinstellung zurückfindet. Der geliebte Beruf als niedergelassene Psychotherapeutin und ihre Verwurzelung im Buddhismus und einer dort beheimateten Sangha-Gemeinschaft führen zum Erstaunen aller zu einem glaubwürdigen und gleichzeitig starkem Trauertragen und zu einem vertieften und reifen Weltverständnis.

Es ist nicht eindeutig festzulegen, wann unausweichlich eine professionelle Hilfe zum Verlustdurchleben nötig ist. Das gilt es im Einzelfall abzuwägen und entsprechend zu handeln – ob in *normal schwerer* oder *erschwerter Trauer*.

Für Menschen, die noch keinen Trauerprozess durchleiden mussten oder miterlebten, wie ein Trauerprozess das Leben mitnehmen kann, ist es sehr hilfreich, fast beruhigend, zu wissen, dass vieles in der Trauer geschieht, was für den Zustand der Trauer ganz normal ist, so ver-rückt es aus dem Blick der Normalität auch erscheint. Viele unnormal erscheinende Ereignisse in der Trauer sind ein Übergang, sind ein Weg, mit dem Verlust leben zu lernen. Dieses als fremd und unnormal Beängstigende verliert in der Regel im Prozess des Trauerweges seine Macht. Wichtig bleibt: Den Trauernden so ernst zu nehmen, wie er sich erlebt, und jedem seiner Gefühle eine Berechtigung zuzugestehen. Dadurch, dass es da ist, ist es und hat – so verrückt und beängstigend es sich zuweilen darstellen mag – für den Trauernden und seinen Weg der Verlustbewältigung einen Sinn. Den gilt es grundsätzlich zu würdigen. Dass das manchmal viel Kraft, Vertrauen, Geduld und Menschenliebe braucht, steht außer Zweifel, wenn wir erleben, wie Trauer ein Chaos ausrichtet. Für den verlustlosen Lebensgang ein zum Teil mehr als grenzwertiges Chaos; für den Zustand der Trauer aber ein ganz normales Chaos.

Trauer auslösen statt auflösen

Der Schrei nach schneller Lösung

Wenn wir uns bereitfinden, an der Trauer nicht vorbeizusehen, dann fragen wir bald nach Weg und Ziel: Was soll mit mir, mit meiner

Trauer geschehen? Was werde ich gewonnen haben, wenn ich mich dem Drängen der Trauer unterwerfe? Kann ich, will ich überhaupt neue, tiefere Lebensmöglichkeiten erreichen, von denen die Rede ist? Wo bleibt mein mir auch lieber, oft so unerträglicher Schmerz, wenn ich mein Leben in neuen Perspektiven sehen soll? Wie soll das gehen, wenn jedes Denken an neue Lebensmöglichkeiten wie ein Eingeständnis klingen könnte, dass ich diesen Verlust nicht nur hin-, sondern gar annehme? Ist das nicht Verrat an der Einzigkeit und Unauswechselbarkeit des Verlorenen? Es ist gar nicht ungewöhnlich, dass vielen in der Unaushaltbarkeit dieses schrecklichen Trauererlebens und Trauerweges der Wunsch aufkommt: Lass es schnell wegmachen, dieses so ungemein lebenserschwerende Trauern, wenn denn der eigene Tod als Erlösung schon nicht eintreten mag. Dieses »Gegenleben« glaubt kein Mensch aushalten zu können. Das zerstört Leib und Seele. Manchen ist die Öffnung zum Schmerz der Trauer so unerträglich, dass sie sich auch mit diesen Fragen nach dem Sinn, sich der Trauer hinzugeben, nicht abgeben möchten. Sie äußern vielmehr den Wunsch, möglichst bald befreit zu sein, indem Trauer aufgelöst, aus dem Weg geräumt wird. Es gibt genügend Angebote, die dieses Verdrängen begünstigen. Die Flucht in baldmöglichste neue Partnerschaft ist nur einer der – rein menschlich – auch verständlichen Wünsche, dem Abgrund des Verlustdurchlebens zu entgehen. Dabei ist anzuerkennen, dass es zweifellos Menschen gibt, die auf diesem Weg des Auflösens ihren Weg zum Weiterleben finden. Die meisten Menschen allerdings täuschen sich, wenn sie die Trauer auflösen wollen, um darin den Verlust und seine Wirkung auf das eigene Lebensgefüge zu übersehen, um nicht zu sagen: auf Dauer zu verleugnen.

Trauer ist nicht einfach so wegzumachen; sie folgt nicht eindeutig bestimmten Regeln, Modellen, Phasen- oder Aufgabenlehren, denen man mit gut ausgeklügelten Rezepten zu Leibe rücken kann. Viele Trauernde haben schmerzlich erlernen müssen, dass weder wissenschaftlich fundierte Konzepte noch anzuwendende, sicher wirkende Vorschläge aus Büchern oder Vorträgen oder Lebensschicksalen hilfreich sind, den ureigenen Trauerweg zu beschreiten. Die Trauer ist bei aller Vergleichbarkeit im Prozess der Auseinandersetzung doch ein sehr eigenes, für die Einzelnen einmaliges Ereignis. Ein helfender Trauerweg ist in der Regel kein Wegmachen von einem unangenehmen Gefühl, um dann möglichst schnell wieder einen geregelten Alltag weiterführen zu können, so zu tun, als sei durch den Verlust letztlich nichts Einschneidendes passiert. Es ist nachvollziehbar, dass, wenn denn Trauer nicht zu übersehen ist, wir möglichst einen verlässlichen Verlaufsweg verstehen lernen wollen. Aber die so eigenwillige Trauer lässt sich auch nicht alles erklärend einer Phasen- oder Aufgabenlehre unterordnen. Sie ist eine individuelle, eine körperliche, geistliche und gemeinschaftliche, soziale Aufgabe.

Trauern ist anstrengend – für die Betroffenen und ihr Umfeld

Trauer*arbeit* – und Trauern ist wirklich hoch konzentrierte Arbeit – ist neben dem Hauptbetroffenen auch von seinem sozialen Umfeld zu leisten, von den Familien, dem Freundeskreis, an der Arbeitsstelle, in den Schulen, in Kindergärten. Wie wir in weiteren Ausführungen dieses Buches noch erfahren werden, kommt die Trauer ganz verschieden an, wird sie selbst in allernächster Nähe zum Trauerfall unterschiedlich gelebt.

Trauer durchleben im sozialen Umfeld

Unsere von der Machbarkeit aller Dinge überzeugte Gesellschaft scheut die Begegnung mit der eigenen Sterblichkeit, mit Verlusten und Grenzen. Daher tut sie sich schwer, unvoreingenommen die Trauer mit aufzunehmen, wo sie angezeigt ist.

Um der Trauer Raum zu gehen, sind schon wenige Dinge hilfreich: Trauer sein und leben zu lassen, sie in Bewegung zu bringen – egal, in welcher unmittelbaren Nähe zum Verlustereignis die Einzelnen stehen. So ist es angezeigt, dass nach dem Tod einer Mutter im Kindergarten des betroffenen Kindes mit den Kindern, mit den Eltern der anderen Kinder darüber gesprochen wird. Ein solcher

Todesfall verunsichert nämlich alle, die darin – gewollt oder nicht – verstrickt sind. Kinder fragen instinktiv, was mit den Toten geschieht. Da ist das verschüchtert-stille oder besonders aufsässige, mutterlose Kind; die Eltern erschrecken vor der Tatsache, dass auch sie der Tod treffen kann, auch ihre Kinder von der Verwaisung bedroht werden können. Die Trauer gilt es hier, wie in jedem Trauerweg, nicht *auf*zulösen – als könne man sie schnell wegmachen, um möglichst ungehindert den Alltag zu leben –, sondern sie *aus*zulösen, ihr einen Platz zu bieten, auf dem sie sich bewegen kann und etwas an Verlustbewältigung bewegen wird. Die Trauer erhält die heilsame Chance, etwas für das Leben neu zu ermöglichen. Dies gilt für die Hauptbetroffenen ebenso wie für alle, die in unterschiedlicher Dichte davon mitbetroffen sind.

Ein Jugendlicher hat im Alter von 13 Jahren seine Mutter verloren. Es drängt ihn, am Tag nach dem Tod in die Schule zu gehen. Er möchte nicht, dass darüber gesprochen wird. Nur der Klassenlehrer weiß Bescheid. Am Tag danach kann er es in der Schule nicht aushalten und geht in einer Pause aus dem Unterricht. Der Lehrer drängt, dass der Klasse etwas gesagt werden müsse. Der Jugendliche lehnt das ab. Er kann es nicht aussprechen. »Dann weiß ich nicht, wohin mit mir.« Er wüsste nicht, wohin mit seiner Verlassenheit, den Gefühlen, deren Bedeutung und der Wucht, die er in diesem Moment noch gar nicht begreifen kann. Er spürt nur, dass sie irgendwie da sind – und er möchte sie nicht vor der Klasse ausbrechen lassen. Der Junge verlässt die Klasse – mit der Erlaubnis an den Lehrer, in seiner Abwesenheit vom Tod seiner Mutter mit den anderen Schülern sprechen zu können.

Wenn wir in unser alltägliches Erleben schauen, dann werden wir erschreckend oft das drängend-krampfige Auflösen der Trauer finden. Da wird am Arbeitsplatz verhohlen über den Tod des Kollegen oder den Tod des Mannes der Kollegin geschwiegen – ein Kranz, eine von allen oder auch nur einer Abordnung unterschriebene

Trauerkarte – und der Alltag soll möglichst schnell vergessen helfen. In trügerischer Naivität kommt noch die irrige Auffassung hinzu, das helfe dem Trauernden am schnellsten, den Verlorenen aus dem Gedächtnis zu verlieren.

Da werden seelisch Trauernde in vermeintlicher Fürsorge schnell in Urlaub geschickt, sollen sich krankschreiben lassen, sich mit Medikamenten über das Schlimmste hinweghelfen lassen – auch dies ist in der Regel keine Hilfe, die lebensnotwendende Trauer *auszulösen*; es kommt eher einer mit Besorgnis ummäntelter Entsorgung gleich, um sich vor der unübersehbaren Macht und Kraft der ausgelösten Trauer zu schützen.

Wir kennen viele Beispiele ängstlich verdrängter gemeinschaftlicher Trauer. Die Sprach-Losigkeit gegenüber Kindern, die ein Geschwister verloren haben, die verschweigende Stille gegenüber der Mutter, die ein Kind im Kindstod hat lassen müssen, das Übersehen der erwachsenen Trauernden, die vermeintlich *nur* ihren Bruder oder ihre Schwester verloren haben.

Wie berührt und lebensbeschenkt wissen Menschen zu erzählen, wenn sie ihre Trauer auslösen und dabei die heilende Kraft der in Gemeinschaft vollzogenen Trauer erfahren konnten. Trauer ist dann auch die Möglichkeit eines neuen Zugangs zum Leben – für alle, die die Auslösung mit aller vorher nicht absehbaren Gewalt und Erschütterung zugelassen haben.

Vom Wesen des Trostes

Trost aus Urerfahrungen

Es stimmt: Ausgelöste Trauer führt durch Abgründe. Es stimmt aber ebenso, dass da, wo Trauer ausgelöst sein kann, Hilfe in vielfältiger Weise kommt. Der Trost stellt einen alten Weisheitsschatz dar. Trost kann aus der vertrauenden Urerfahrung ermöglicht werden, die ein Mensch in den ersten Lebenswochen durch die Mutter lernt, wenn ihm ein gesundes Aufwachsen ermöglicht werden konnte. Es ist die Kraft der Erfüllung erster, ganz auf andere angewiesener Bedürfnisbefriedigung. Die ist gar nicht als Dauerzustand bleibender Abhängigkeit gewünscht, sondern als tief verwurzelte Grundzusage, dass jemand da ist. Trost ist die Kraft der Lebensermutigung, die Kraft der Weisen, eine Stimme des Herzens. Trost ist kein Vertrösten, kein Halten in Abhängigkeit, sondern ein Mitgehen, ein Mitbangen, ohne darin mit unterzugehen. Der Tröstende geht mit, nimmt die Rolle des Trauernden ein, um darin zu verstehen und doch wieder herauszutreten. Der Tröstende kann Spiegel werden für den Trauernden, wird Verkörperung von Wahrnehmen dessen, was ist, von Aushalten noch so abgründiger Empfindungen, von Hoffnung aus Himmel und Erde und vom Gelingen des Weges, der durch den Verlust ausgelöst wird.

Unterschiedliche Tröster
Alte Weisheiten des Menschheitswissens zum Beispiel in Literatur, Musik und Kunst aus verschiedensten Kulturen und Religionen können Tröster auf dem Trauerweg werden. Menschen, die Trauer in sich auslösten und durchlebten, können Tröster sein, ebenso Menschen, die am Ende des lebensbedrohenden Weges neue Lebensfelder sahen.

Eine Frau, deren Beziehung zum praktizierten kirchlichen Glauben mager war, hat in der Not der todbringenden Krankheit ihres noch jungen Mannes den Psalm 23 entdeckt und ihn immer wieder gelesen, wissend, dass ihr Mann stirbt, aber den Trost aufnehmend: »Der Herr ist mein Hirt, nichts wird mir fehlen […] Muss ich auch wandern in finsterer Schlucht, ich fürchte kein Unheil, denn du bist bei mir, dein Stock und dein Stab geben mir Zuversicht […]« (Ps 23,1.4).

Als der Mann gestorben war, war dieser Psalm Leitwort der Begräbnisfeier, wurde der Anfang des Psalms die Inschrift auf dem Grabstein, war es in ihrer Trauerbegleitung ein entscheidender Wendepunkt, als im Traum ihr Mann zu ihr sprach und ihr in lebensbedrohender Not ihrer Trauer und Verzweiflung stärkend sagte: »[…] denn ich bin bei dir […]« (Ps 23,4).

Es ist müßig bestimmen zu wollen, wie denn dieses Wort Trostwort werden konnte. Trost geschieht, durch wen und was im Himmel und auf Erden auch immer.

Es ist bekannt, dass vielen Trauernden unter anderem dieses Psalmwort ein wichtiger Trost geworden ist – und das, obwohl oder gerade weil der Dichter nur zu verstehen gibt, dass er die bedrohende Gewalt der finsteren Schlucht kennt, dann aber voller Vertrauen von der Fülle des Lebens schwärmt: »Du deckst mir den Tisch vor den Augen meiner Feinde. Du salbst mein Haupt mit Öl, du füllst mir reichlich den Becher. Lauter Güte und Huld werden mir folgen mein Leben lang, und im Haus des Herrn darf ich wohnen für lange Zeit« (Ps 23,5–6). Gott als Trost, als Verbindung mit dem Urleben, der Schöpfung; Gott und seine Welt, das »himmlische Jerusalem«[1], das Hoffendürfen auf ein Leben nach dem Tod mit den schon durch den Tod Vorausgegangenen.

Viele Weisheitstexte sind tröstende Begleiter.[2] Viel Trost schenken Menschen, die Trauer mittragen, mit aushalten, mit auslösen, statt sie mit Verdrängungsmacht schnell auflösen zu wollen.

Trost bedeutet, Vergnügen, Genuss oder Freude empfinden zu können, trotz und neben Hoffnungslosigkeit und Verzweiflung. Trost kommt zum Schmerz hinzu, geht in ihn ein, aber nimmt den Schmerz nicht weg.

---

1   Das trostvolle Bild von Gottes neuer Welt aus der Offenbarung des Johannes, Kap. 21, 1–8: »[…] Seht die Wohnung Gottes unter den Menschen! Er wird in ihrer Mitte wohnen, und sie werden sein Volk sein; und er, Gott, wird bei ihnen sein. Er wird alle Tränen von ihren Augen abwischen: Der Tod wird nicht mehr sein, keine Trauer, keine Klage, keine Mühsal. Denn was früher war, ist vergangen« (Verse 3 und 4).
2   Ein schier unübersehbarer Markt an Weisheitssprüchen und Trostworten zeugt von der vielgenutzten Quelle des Trostschatzes der Menschheit – über die Grenzen der Kulturen hinweg. Die Heiligen Schriften, in jüdisch-christlicher Tradition vor allem die Dichtungen der Psalmen, sind vielen Trost, aber auch buddhistischer und islamischer Kulturkreise. Es sind Texte, die authentisch um das Menschsein und das Göttliche wissen, das Leben anschauen.

Trauer als persönlicher Werde-Gang

Trauer ist ein Gang, ein Weg, ein Prozess

Es ist verständlich, wenn Menschen aus Furcht vor der Gewalt der Trauer sie möglichst schnell loswerden wollen. Das ist aber zum heilenden Durchleben der Trauer in der Regel nicht hilfreich. Es ist auch gut nachvollziehbar, wenn Menschen zwar bereit sind, sich auf die Annahme der Trauer als Lebensaufgabe einzulassen, das aber an Bedingungen knüpfen wollen: Dann sollte es wenigstens einen vorhersehbaren Plan geben – zum Beispiel bestimmte Phasen, die möglichst bilderbuchhaft nacheinander durchschreitbar wären. Oder Aufgaben, die es durchzuarbeiten gilt. Ein ermutigender Erfolg der Trauerleistung wäre absehbar. Man meint, man könne sich gewappneter der Macht der Trauer stellen, wenn man die Trauerphasen und -aufgaben kennt, deren Stufen und Wucht aus einschlägiger Literatur bekannt sind. Dann könnte Trauer beherrschbar sein. Es ist auch verständlich, dass Menschen sich in der so fundamental verunsichernd erlebten Situation wünschen, wenigstens eine kontrollierbare, ableistbare Klarheit von Abfolge, Schweregrad und Erfolgsanzeige der Trauerarbeit vorliegen zu haben.

So begehrt diese Sicherungen im Einzelnen sein mögen, so wenig letztlich hilfreich sind sie, weil sie einfach nicht abrufbar zur Verfügung stehen. Trauer arbeitet am Verlust, am Abschied, und ist darin ein überaus wirkmächtiges Geschehen. Trauer lässt sich nicht in einem vorher auslegbaren Plan festmachen. Sie folgt zwar bestimmten Gesetzmäßigkeiten des Prozesses, die von verschiedenen Faktoren abhängig sind: von der eigenen Lebensgeschichte, der eigenen Entwicklung, den ganz konkreten Lebensumständen. Es gibt gewisse Ausdrucksformen, die zum *ganz normalen Chaos der Trauer* dazugehören. Aber sie laufen nicht nach Plan. Trauer ist nicht gradlinig zielstrebig in ihrer Entwicklung. Viele Trauernde leiden unter dem Schmerz, immer wieder zurückzufallen: Es gab Zeiten, da glaubte der Trauernde, endlich wieder etwas mehr Halt im Leben gefunden zu haben – und fällt gerade nach dieser so sehnsüchtig erwarteten Erleichterung und Rückkehr ins Leben in ein noch tieferes Loch zurück. Da haben Trauernde sich eingerichtet, sich mit bestimmten Haltungen gegen unsensible Äußerungen der Umwelt weniger verletzbar zu machen – und plötzlich reicht eine kleine Andeutung, um die ganze Wunde wieder aufzureißen. Und dann geht das herzzerreißende »Wandern durch die finstere Schlucht« des Trauerprozesses – vermeintlich gänzlich unverändert – von neuem los.

Der fortschreitende Prozess
Und doch geht der Prozess nicht nur von vorne los, sondern er geht *weiter*. Diesem immer wieder neuen Eintauchen in die zehrende Niederung der Trauer ausgesetzt zu sein, ist ein Prozess der Seele. So unvorstellbar das in der Finsternis der Trauer erscheinen mag: Die Trauer setzt auf schöpferischen Neubeginn. Erst im Nachhinein, oft nach Jahren durchlittener und durch- und überlebter Trauer, können Menschen ihr Trauererleben als einen schöpferischen Prozess erkennen. Die Trauer wird im Durchleben wie eine Art lange Geburt. Die Phantasie ist schnell beflügelt, Vergleiche zwischen Geburts- und Trauervorgang zu ziehen im Erleben der Anstrengung »auf Leben und Tod« bis hin zu neuem, eigenständigem Atmen, Bewegen, Leben. Dass sich der Mensch am liebsten diesen Werde-Gang wegen der zuweilen auch todesnahen Schmerzen ersparen möchte, ist mehr als verständlich. Daher gibt es keinen Grund, sich Trauerprozesse verherrlichend zu ersehen, um neue Lebenseinsichten gewinnen zu dürfen. Die Trauer ist ein Teil unserer Natur, wie der Verlust auch. Wir scheinen dem aber nicht nur todtreibend überlassen zu bleiben. Es geschieht Schöpfung – mehr als »nur« am Anfang des Lebens und in kreativen Phasen aufbauenden Lebens.

Eines kann der Prozess eines Trauerweges, der nicht im Tod endet, mit ziemlicher Sicherheit verheißen: Das Leben geht weiter; es geht *anders* weiter, nicht nur schlechter, nicht nur schwerer, aber deutlich anders. Für manche eröffnet sich ein neues Leben, das aus der Wurzel des bisherigen mitgenährt wird.

Trauer als Entdeckung anderer Lebenswirklichkeiten

Wer am Anfang der Trauer steht, hat kaum einen Blick auf das Gute, das Neue, das sich aus der Trauer ergeben kann. Viel zu sehr stehen Abbruch, Abschied, Verlust, Verlassenheit im Vordergrund. Es ist gut und wichtig, der Trauer viel Zeit zu geben, auch Zeiten des Untergehens im Verlust, auch Zeiten, in denen jedes Wort schmerzt und provoziert, das von neuen Möglichkeiten sprechen möchte, die durch die Trauer hindurch sich öffnen. Es ist eine Frage des achtsamen Ernstnehmens, wenn der Trauer nicht gleich zu Beginn das Ziel aufgezwungen wird. Es ist auch angezeigt, den mit dem Verstand schnell zur Hilfe geholten »Wert der Trauer« nicht zu früh zu preisen, weil dies dann leicht zur Fluchtbrücke wird für jene, die so vieles mit dem Kopf im Griff halten – und auch die Trauer mit dem Verstand im Griff halten zu können glauben. Dies ist gesagt in aller Wertschätzung, dass auch die abstrahierende Leistung des Verstandes hilfreich ist, um den Mächten des Zerstörerischen in der Trauer Einhalt zu gebieten.

Dem Prozess trauen

Wenn die Trauer gesund, *normal* verläuft, dann öffnet sich irgendwann von selbst der Horizont, melden sich neue Lebensgeister. Die können umso klarer werden, je mehr der Trauernde den Weg davor genommen hat. Es stimmt tatsächlich, dass die Trauer nicht nur abbaut, nicht nur Verlusteingeständnisse abfordert. Trauer öffnet auch neue Perspektiven vom Leben, neue Erfahrungen mit ihm. Viele Beispiele bezeugen, wie Menschen durch die Trauer ihre eigene Persönlichkeit wieder- oder neu entdecken, wie sie einen feinfühligeren Umgang mit anderen Menschen, vor allem mit Verlusterleben, neuen Zugang zur Natur, zur Kultur, zur eigenen Kreativität fanden.

Nicht selten sind Trauermenschen stiller geworden, aber lebensvoller. Wie schon erwähnt, kann ein Trauerprozess alte Lebensfragen in besonderer Weise aufrufen.

Ein Mittfünfziger, der durch körperliche Erkrankung seinen sicheren Arbeitsplatz verliert, glaubt sich am Ende seines Lebens – und gewinnt durch die Trauer viel an Wärme, an Freude an Musik und Kultur dazu. Seine Arbeitsstelle gab diesem »Luxus« keine Lebenschance. – Eine junge Frau entdeckt nach der langen, zwischen Leben und Nicht-mehr-leben-Wollen stehenden Trauer um den qualvoll gestorbenen Mann ihre besondere Fähigkeit, Menschen zuzuhören, ihnen Beistand sein zu können. – Eine Sechzigjährige, die ihren Mann durch plötzlichen Herztod verlor und kurz danach mit dem Ausbruch der eigenen Krebserkrankung in Trauer um ihr Leben stand, spürte die kostbare Nähe ihrer echten Freunde und Bekannten. – Eine über siebzig Jahre alte Frau nutzt die Chance, ihre verdrängte, unter Schweigegebot stehende eigene Familiengeschichte aufzuarbeiten und danach zufriedener und sozial lebendiger leben zu können.

Schöpferische Kraft als Notventil
Nicht selten sind große kreative Begabungen aus Trauerprozessen gewachsen, weil die Seele in der angespannten Enge des Trauererlebens das Notventil des schöpferischen Ausdrucks in Musik, Malerei, Sprache, Tanz usw. suchte.

So zum Beispiel ein lediger Dreißigjähriger, der durch einen von seiner Dienststelle angeordneten Orts- und Arbeitsplatzwechsel in eine große persönliche Krise geriet, in der Gestalt seines Nachfolgers auf seiner bisherigen Arbeitsstelle seine Ersetzbarkeit schmerzlich betrauerte. Zunächst ging er wochenlang in jeder freien Stunde über einen alten Friedhof der Großstadt, kaufte sich eine Kamera, entdeckte seine besonderen Fähigkeiten, Motive zu finden und kunstvoll zu fotografieren. Da er in seiner Not wenig schlafen konnte, wanderte er nachts durch die Straßen der Stadt und schrieb danach Briefe an gute Freunde. So entdeckte er, der sich für gänzlich unbegabt gehalten hatte, seine besondere Fähigkeit, mit dem Wort einzufangen, was er als Leben, vor allem als Empfindungen in sich wahrnahm.

Wie viele große und kleine, bekannte und verborgene Künstler in Malerei, Bildhauerei, Musik, Literatur haben ihren Auslöser in einer Trauer gefunden? Manchmal ist es – wie wir schon wissen – eine Trauer, die in Kindertagen quälte und erst im Erwachsenen ihren Ausbruch und Umbruch fand. Im gelingenden Trauerprozess lernen Menschen die Kostbarkeit des Lebens trotz oder in aller klaren Begrenzung zu lieben.

Neben allen greifbaren Wandlungen in oder nach einem Trauerweg gibt es oft kostbare Wandlungen der inneren Einstellung zum Leben. Die Langsamkeit, die während der Trauer oft als so bremsend, hindernd den Unterschied zum früher so lebendigen Leben deutlich und lähmend zu erfahren gab, wird als lebensrettende Hilfe erkannt. Der Trauernde hat gelernt, dass die Seele (das Leben) Zeit braucht und sich diese Zeit durch das Angebot der Verlangsamung des Lebensrhythmus auch nimmt. War früher das Leben geprägt von dem Empfinden, dass es eigentlich kaum eine Grenze, nichts letztlich Unkontrollierbares gibt, so lehrt die Trauer – zunächst überaus drückend und erstarrend – die Demut am Leben, die Entmachtung des Machbaren aus eigener Kraft. Es bietet sich ein neues Gespür für den Genuss am Leben in seiner Vielfältigkeit und Begrenztheit zugleich. Die Grenzerfahrung ist dann nicht mehr wie die Mauer, an der sich die Seele und der Leib wund wetzen, sondern die Mauer, an der ranken und sich entfalten kann, was gerade Lebenswille hat.

Ein im Management hoch engagierter und geachteter Mann hat durch körperliche und seelische Grenzen die Ohnmacht und Wut der Grenzerfahrung hinnehmen müssen, seine Arbeit aufgegeben, unter der auch körperlichen Müdigkeit der Verlangsamung gelitten, sich gegen die Zumutung der Demütigung seines Lebens durch Entmachtung seiner bisherigen Möglichkeiten gestemmt, bis er die Langsamkeit und die Müdigkeit und die Grenzen als gute Begleiter seines nötigen neuen Weges schätzen lernte. Damit konnte er offen werden, neu zu schauen, Neues schließlich zu wagen. Dabei war das Achten auf die Zumutbarkeiten und Grenzen für sein Leben eine der größten Früchte seiner Trauer.

Sozial neu lernen

Nicht selten hat nach beklemmender Erfahrung der Vereinsamung eine Erweiterung des sozialen Geflechtes stattgefunden. Trauer muss am Ende nicht die gezwungene Verliebtheit in das Alleinsein bedeuten. Menschen, die vorher vielleicht wegen dauernder Arbeit oder gewollter Abkapselung nicht mehr da zu sein schienen, können durch einen Trauerweg neu gefunden und angemessen eingebunden werden – für manche Trauernde ist es wie ein gänzlich unverdientes Geschenk, von alten und neu gewonnenen Freunden immer noch gesehen, geliebt und angenommen zu sein. Das ist umso kostbarer, weil zu Beginn des Trauerns viele Menschen wegfallen, die man als gute alte Freunde wusste.

Am Ende eines auch bewusst mit viel Einsamkeit gesuchten Trauerweges steht nicht selten ein freies, in seinen Grenzen klar gesetztes Engagement im sozialen Umfeld. Wenn ein soziales Engagement jedoch gesucht wird, um der Wucht der eigenen Trauer auszuweichen, wird es leicht schädlich für alle Beteiligten. Da werden die Helfer schnell ausgebrannte hilflose Helfer. Sozialengagement eignet sich nicht als Trauerauflöser! Soziale Verantwortung nach Auslösung der Trauer hingegen kann eine große Quelle der Energie und des guten Willens sein. So treffen wir in der Hospizbewegung zum Beispiel viele Menschen, die um Verlust, Abschied und Trauer wissen und hier ihre Erfahrungen, ihre eigene Sensibilität, ihre eigene Verwundung und Verletzbarkeit mit einbringen. Hier ist Verständnis da, dass Trauer zum Leben gehört und gelebt sein muss, um neue Perspektiven zu ermöglichen. Gleichwohl schauen verantwortliche Ausbilder und Einsatzleiter gut auf die jeweilige Motivation von akut trauernden Mitarbeiterinnen, um Übertragungen in der Begleitung gering zu halten. Es können aber auch ganz andere Felder des sozialen Engagements sein, in denen segensreiches Wirken aus der Erfahrung der eigenen Trauer möglich ist.

Verschiedene Ebenen der Trauer

Die Trauer bezieht sich auf einen konkreten Menschen. Was zunächst so einfach aussieht, als gälte es nur auf einen Menschen zu schauen, erweist sich als ein Teil in einem größeren Geflecht. Im Trauerprozess vermischen sich die Ebenen: Da ist der reale, verlorene Mensch; da ist der Verlust des Ideals, das der Trauernde in diesem Menschen gesehen hat; da ist die Trauer um sich selbst.

Manchmal gibt es Verwirrungen, neue Traurigkeiten, Anschuldigungen und Zerwürfnisse gerade dadurch, dass die Ebenen verwischt sind und Unverstehen zur Bewegungslosigkeit führt.

Als gesellschaftliches Phänomen übernimmt die empörende Trauer zum Beispiel in Katastrophen gelegentlich die Funktion, die Unfähigkeit zu trauern zu überdecken.

Die Trauer um den anderen und das Ideal von ihm

Es ist ganz menschlich, im Verlust die besonders angenehmen, lebensspendenden Seiten des Verlorenen zu bewahren. Es ist ebenso normal, dass das in Idealisierungen geschieht. Da wird der Mann zum besten Ehemann, die Frau zur liebevollsten Partnerin, das Kind zum dauernden Sonnenschein, aus dessen Kraft sich das eigene Leben wesentlich ernährte. Das Ideal eines verstorbenen Menschen, so man sich geliebt hat, ist eine der vorherrschenden Trägerinnen des Erinnerns. Und das hat Recht, so zu sein. Weil der Trauernde, was ganz normal ist, schwer Abstand nehmen kann von seinem Toten, sucht er – ähnlich wie in seinen ersten Lebensjahren – zu ihm eine sehr innige Verbindung, eine Symbiose. Es ist dann, als wolle man eins sein. Diese Symbiose gehört in den ganz normalen Trauervorgang, weil daraus viel Kraft geschöpft werden kann, um schließlich allein neu weitergehen lernen zu können. Auch das Kleinkind braucht als Sprungbrett ins eigenständige Leben anfangs die ganz enge, das eigene Leben stärkende Symbiose. Symbiose als Lebensstärkung für den Anfang ist sehr hilfreich, als Klammerung zur Verhinderung des eigenständigen Lebens aber eine Qual, ein Lebensverhinderer.

Wenn nun aber eine Verbindung nicht gleichrangig war, wenn Wünsche in ihr nicht erfüllt waren und durch Idealisierungen das Wunschbild einer Verbindung ersonnen war, dann muss die Trauer möglicherweise ganz eigene Lasten tragen.

Dann wird die Sehnsucht nach Liebeswünschen, die im Leben schon unerfüllt blieben, in die Trauer eingeflochten. Im schmerzlichen Verlust brechen alte Wunden auf. Dann wird das persönliche Drama wach, nicht genug gesehen, nicht genug geschützt, nicht genug ermutigt, nicht genug geliebt worden zu sein. Um diesen Schmerz, der durch den Verlust nicht mehr geklärt werden kann, zu mindern oder zu unterdrücken, wird der Verlorene manchmal idealisiert. Diese Idealisierung hemmt allerdings den Schmerz um das, was nie erreicht wurde. Sie kann hinderlich wirken auf den Fluss des Trauerweges. Aber auch hier die Wertschätzung, dass der Trauernde zunächst vielleicht nur über den Weg der Idealisierung diesen besonderen Schmerz des unerfüllten Lebens im Angesicht des Todverlustes aushalten kann.

Ziel jeder Trauer ist es aber, den Verlorenen so sehen und betrauern und über den Tod hinauslieben zu können, wie er war: ein Mensch mit Schwächen und Stärken, mit Erfüllendem und Unerfüllendem, mit Unerträglichem und leidenschaftlich Liebenswürdigem. Die vorübergehende idealisierende Sicht hat also ihren Sinn, weil die Trauer für eine Zeit lang ganz innige, vielleicht auch idealisierte Verbindung braucht, um irgendwann aus der Kraft der vorherigen Verbindung den eigenen, neuen Stand gewinnen zu können. Wo die Trauer aber in der Idealisierung und Verschmelzung stecken bleibt, erstickt sie auf Dauer das Lösen der rechten Trauer.

Die Trauer um sich selbst

Vom Recht der Trauer um sich selbst

Selbst-los zu sein scheint eine vorrangige Tugend. Selbst-voll zu sein wird schnell als egoistische Untugend gebrandmarkt. So ist die Trauer um sich selbst eher ein für viele schambesetztes Thema. Diese

Selbstbeweinung macht Angst, führt zu Schuldgefühlen, erniedrigt nicht selten das eigene, gesunde Trauern. Im gesellschaftlichen und moralischen Erwartungshorizont steht die Trauer als Trauer um einen anderen, der verloren ist. Die Trauer richtet den Blick damit eindeutig auf den verloren gegangenen Menschen. Die angebliche Selbstlosigkeit und der mehr nach außen gerichtete Blick sind gesellschaftsfähiger. Vor allem in Trauerprozessen, die *vor* dem endgültigen Verlust stehen, wird diese von sich selbst absehende Trauer als die gute, die gelungene bezeichnet: Nicht ich als Verlierender stehe im Blick, sondern der, der in den Tod verloren gehen wird oder gegangen ist. Diese Haltung drückt sich in dem edlen Bekenntnis vieler in der Sterbebegleitung Tätigen aus, wenn es heißt, dass der Sterbende allein tonangebend sei. Es ist für die meisten Situationen so auch im Grundsatz zutreffend. Aber es bleibt, dass das Verlieren auch ganz heftige Trauer um den Zurückbleibenden selbst auslösen kann.

Selbsttrauer teilen – mit wem?

Ein junger Mann erfährt von der todbringenden Krankheit seiner Freundin, hat in seiner Not den unbezwingbaren Drang jede noch zur Verfügung stehende Minute des Lebens gemeinsam zu verbringen. Er stößt auf den Widerstand der Sterbenden, auf ihre Abwehr, ihre ausgesprochene Zurückweisung. Es stimmt, dass er lernen muss, dies zu respektieren, denn die Sterbende hat ein Recht auf die Art, wie sie mit sich und ihrer Trauer und ihrem Sterben umgehen möchte. Der Freund hingegen trägt auch eine überaus ernst zu nehmende Trauer um sich selbst in sich, um den Verlust, den er hinnehmen muss, ungefragt, vom Schicksal auferlegt. Er trägt die Trauer um sein nun gänzlich sich änderndes Leben in sich. Er trägt den Verlust seiner bisherigen und vielleicht sicher geglaubten Zukunftsperspektive in sich. Er trägt die Trauer um nicht mehr erfüllbare Wünsche – zum Beispiel nach körperlicher Begegnung und größtmöglicher Nähe – in sich. Er wird sie nicht mit seiner Freundin klären können – aber er braucht Hilfe in der Trauer um sich selbst, braucht Wertschätzung und Anerkennung, dass es diese Trauer gibt, bar jeden moralischen Urteils.

Es ist keine Überlegung, ob das im Blick auf die Sterbende angemessen sei oder nicht. Es ist da als Trauer um sich selbst. Diese Trauer muss ausgelebt werden können, allerdings nicht mit der Sterbenden, wenn sie das nicht kann oder will. Es braucht keine große Phantasie, sich diese Qual einer Trauer um sich selbst vorzustellen, vor allem, wenn der Grund der Trauer diese nicht teilen kann. Starke Verlustängste sind da, Wut und Aggression gehören mit in die Trauer um sich selbst. Diese Gefühle sind weithin nicht gesellschaftsfähig – jammerndes Selbstmitleid genannt –, obwohl alle irgendwie und in unterschiedlicher Dichte davon betroffen sein dürften. Sie gelten als zu egoistisch, zu wenig in den Nimbus einer gelingenden, nur auf den Sterbenden oder Verlorenen schauenden Aufopferung. Die unausgesprochene Abspaltung dieser egozentrischen Anteile der Trauer kann schwere Hemmungen in das Gelingen eines Trauerprozesses legen. Die Schuldfrage wird zu einer Unerträglichkeit, die oft kein Ventil findet, weil der Trauernde sich unter einem moralischen Druck der Unangemessenheit sieht. Belastend, wenn die eigene Seele gelähmt wird, die sich verbieten muss, um sich selbst zu trauern, aber in aller Trauer um den anderen auch voll in der Trauer um sich selbst steht. Das Zulassen dieses Teils der Trauer öffnet auch wieder für eine ehrlich zugewendete Trauer für den anderen.

Die Erfahrung in der Sterbebegleitung zeigt, dass mindestens so viel Zeit der Begleitung für die Angehörigen anzusetzen ist wie für den Sterbenden. Dabei spielt die Trauer um sich selbst, die Unaussprechbarkeit dieser moralisch leichtfertig geringer eingeschätzten Trauer eine große Rolle. Die Trauer um sich selbst ist zunächst eine ganz gesunde Reaktion des Selbsterhaltungswunsches. Sie erfährt Grenzen im anderen; Sie braucht Hilfe, die den Gehenden schützt, den Zurückbleibenden versteht und beiden durch diese Entlastung eine angemessene Form des Abschiednehmens öffnet. Denn wo die Trauer um sich selbst in ihrer Bedürftigkeit die Grenzen des anderen nicht achtet, wo die Nennung der Grenzen des anderen den um sich Trauernden in moralische Versagensphantasien abstürzen lässt, da geht wertvolle Energie liebender, freundschaftlicher Begegnung und Verabschiedung verloren. Selbst-los trauern steht in der Not, das Selbst zu verlieren; selbst-voll trauern achtet auf sich und lernt darin, den anderen in seiner unverwechselbaren, ihm gänzlich zuzugestehenden Art um sein Sterben zu trauern.

Trauer(vermeidung) als gesellschaftliches Phänomen

Politische Trauer

Die Unfähigkeit zu trauern haben ganze Völker bewiesen (vgl. Mitscherlich u. Mitscherlich, 1977). Nach Katastrophen, nach Kriegen, nach überwundener Diktatur, auch nach dem Ende der DDR, nach dem Fall der Mauer, schicken sich Menschen schnell wieder an, Neues aufzubauen, kaum Kraft und Zeit für die Bewältigung des Chaotischen und höchst Verlustvollen zu nehmen, sondern vieles im Schaffen abzuspalten. Es gibt viel Verständnis, dass Menschen nach dem Überleben von Katastrophen wie den Weltkriegen geschwiegen haben. Wie sollte man leben, wenn die Realitäten der Front, der Bombennächte zu Hause, der verwesenden Toten auf den Straßen, zwischen dem Gemüse in den Gärten, des Heulens der Sirenen usw. immer hätten besprochen werden müssen (vgl. dazu die erschütternden Zeugnisse der Literatur: Wolfgang Borchert: »Draußen vor der Tür«, 1947; Ulla Hahn: »Unscharfe Bilder«, 2003; Helga Schneider: »Kindheit in Berlin«, 2003). So verstehbar dieses Schweigen über diese unendlich abgründigen Trauererfahrungen ist, so bleibt diese unerledigte Trauer im Gemeinwesen noch vorhanden. Für die Kriegstraumata hat es Jahrzehnte bedurft, um diese Trauer zum öffentlichen Thema zu machen.

Trauer angesichts großer Katastrophen

In anderen öffentlichen Trauererlebnissen bedarf es manchmal nur kleiner Auslöser, um die Wucht des Schmerzes und gleichzeitig den schnellen Verdrängungsdrang einer Gesellschaft wieder aufzuwecken. So erleben wir immer wieder einmal große, ergriffene Trauer bei spektakulären Trauerfällen, bei Katastrophen, bei Verbrechen usw. Diese Trauer scheint wie ein kurzer Prozess der Reinigung vom

Druck des grundsätzlich von Vergänglichkeit geprägten Lebens zu sein. Das Mitgefühl mit den betroffenen Trauernden hat auch viele persönliche Anteile, hat auch die entlastende Bedeutung, selbst noch einmal verschont worden zu sein. Wir kennen die Reaktionen nach Flugzeugabstürzen, nach Terroranschlägen, nach Naturkatastrophen, nach aufsehenerregenden Verbrechen, verfolgen in den Medien die möglichst nahe Begegnung mit den in Trauerleid aufgewühlten, in ihren Gefühlen teils hemmungslos und schutzlos geöffneten Menschen. Wir erkennen einen in uns berührten, trauerahnenden oder trauertragenden Teil wieder. Und sind offen oder verhohlen dankbar, noch einmal davon gekommen zu sein. Und weil dieser Schmerz so überbordend sein kann, werden schnell Schuldige und Schuldzusammenhänge gesucht – als ob diese das Drama der Katastrophe und die Trauer darin lindern könnten.

Angstabwehr

Diese Anteilnahme ist für viele ein hilfreicher Mechanismus der Angstabwehr – durchaus verständlich und nicht unter dem moralischen Druck der Verwerflichkeit zu sehen. Es ist die Angstabwehr vor der Gewalt der Trauer und der Begrenzung und Vergänglichkeit unseres eigenen Lebens. Diese öffentlich hervorgerufene und öffentlich zu tragende Bestürzung und Trauer halten sich allerdings meist nur sehr kurz aus. Die erste Empörung und Lähmung vor der Schrecklichkeit des Ereignisses drängen bald zum Handhabbaren. Die Ohnmacht der Trauer kann sich schlecht aushalten. Darum der schnelle Versuch, die Katastrophe erklärbar und damit handhabbarer zu machen. Wahrscheinlich werden daher in den Medien erste Fragen laut, wieweit die Opfer nicht doch irgendwie mitschuldig geworden sind – bis hin zur Spekulation, der Geiz habe sie in die Hände skrupelloser Billigflieger getrieben, deren Flugzeug wegen mangelnder Wartung abstürzte; oder eine junge Frau habe durch ihre Reize provoziert, dass sie Opfer eines Gewaltverbrechens wurde, oder die asozial genannten Umstände machten erklärlich, dass die Kinder in den Flammen eines Hauses umkamen.

Rangordnung in öffentlicher Trauer

Die öffentlich gezeigte Trauer kennt klare Abstufungen. Die Trauer um misshandelte Kinder aus ganz normalen Familien ist anders als die um einen alleinstehenden Alkoholiker, der von einem Kriminellen in der Ausnüchterungszelle erschlagen wird. Die Trauer um einen Menschen, der vielleicht an seinem Unglück durch Risikofreudigkeit mit schuld sein könnte, fühlt sich entlasteter an als die Trauer um ein Opfer blinden Rassenhasses. Ein im terroristischen Überfall getöteter Generalbundesanwalt wird anders betrauert als ein nach Missbrauch getötetes Kind.

Diese Abstufung und Bewertung dienen der Angstabwehr gegen Kontrollverlust durch das plötzliche Hereinbrechen-Können des tödlichen Schicksals. In unserer Gesellschaft haben wir die Ergebenheit in den unergründlichen Ratschluss Gottes (oder des Schicksals) gegen ein angespanntes Wachen über Bewahrung des Lebens um fast jeden Preis ausgetauscht. Gelassener und glücklicher sind wir dadurch nicht unbedingt geworden.

Bewertung als Hinderer von Trauer

Grundsätzlich ist es wenig hilfreich, Trauer unter dem Aspekt moralischer Wertung zu beurteilen und dadurch die eine Form als gut zuzulassen, während die andere als verwerflich, moralisch minderwertig belastet wird. Der öffentlich getragenen Trauer ist zu wünschen, dass sie in der gemeinsamen Betroffenheit den Einzelnen Zugang zu eigenem Erleben der Vergänglichkeit und Begrenztheit öffnete. Es ist ja auch schmerzlich, erkennen zu müssen, dass sich tödliche Katastrophen selbst mit noch so ausgeklügelten Sicherheitssystemen nicht vermeiden ließen. Das redet nicht der widerstandslosen Ergebenheit das Wort, schützt aber vor der Vermessenheit des Allkönnens. Die Chance, das Begrenzte gesellschaftlich zu würdigen, ist eher gering. Eine ganze Medienindustrie lebt unter anderem davon, die kollektive Trauer auszulösen, um sie dann möglichst bald durch eingestreute Mutmaßungen über die politische Verantwortung oder die Mitschuld der Betroffenen oder durch neue, gänzlich andere Ereignisse schnell wieder aufzulösen. Es geht dabei nicht um Trauerermöglichung. Es geht um Sensation. Und nichts ist für Medien tödlicher als das Geschehen von gestern, das nachklingt in der Langsamkeit des Verlust- und Begrenzungsbegreifens. Es ist ein Gebot der Redlichkeit, der gesellschaftlichen Wirklichkeit ins Auge zu schauen. Wer mehr für sich und unsere Gesellschaft tun will, der erhalte sich die Tugend des Betroffenseins, des Erschauderns vor der Gewalt des Vergänglichen – und die freiwillige Mäßigung in der Menge des gierig konsumierenden Hinschauens.[3]

Trauer als fundamentale spirituelle und religiöse Krise

Trauer ist eine fundamentale Erfahrung, die wenig Beschönigung und wenig floskelhafte Worte und Gedanken verträgt. Die Trauer ist überaus hellhörig auf Echtheit und Wahrhaftigkeit. Kaum ein Lebensbereich bleibt in dieser besonderen Wachsamkeit ausgespart. Auch die spirituellen und religiösen Wurzeln sind gegen Erschütterungen bis hin zu Entwurzelungen nicht gefeit. Die Erfahrung des grundlegenden Verlustes und Abschiedes, das hautnahe Erleben von Grenzen und fremder wie eigener Vergänglichkeit stellt – wie nicht anders zu erwarten – auch fundamentale Sinnfragen.

Lebensfrage ist Gottesfrage

Verlusterleben als Sinn- und Gottanfrage

An anderer Stelle ist bereits ausgeführt, dass die existenzielle Erfahrung der Trauer stark eingreift in das persönliche geistliche Leben. Für viele, zunächst unabhängig von ihrer Glaubenspraxis, ist das Verlusterleben eine Auseinandersetzung mit Gott, so sie einen Gott-

---

[3] Es gibt Menschen – und vielleicht mögen Sie sich als Trauernde dem anschließen –, die auf Medien wie Fernsehen und Zeitungen verzichten, um sich nicht in den Sog unverarbeitbarer Traueranlässe (durch Bilder oder Videos) einzwingen zu lassen.

glauben haben. Es spielt dabei erst einmal keine Rolle, welcher Religion oder Konfession die Trauernden zugehörig sind. Es berührt vielmehr eine Grundfrage nach der Geborgenheit des Menschen im transzendenten Ganzen angesichts der erschütternden Erfahrung von Verlusten, die nicht durch menschliches Dazutun aufzuheben sind. Die Tatsache, dass zum Beispiel die Heiligen Schriften der Juden und der Christen sich mit dem Thema der Existenz Gottes angesichts des Leidens teils leidenschaftlich auseinandersetzen, ist ein Beweis für die grundsätzliche Anfrage der Gottesbeziehung angesichts des Leidens. Um es vorwegzunehmen: Es gibt keine eindeutige, für alle schlüssige Antwort auf diese Frage. Wir wissen, wie Menschen mit den grausamsten Erfahrungen wie zum Beispiel der Konzentrationslager die Frage nach Gott inmitten der Bestialität von Unmenschlichkeit und der Unvorstellbarkeit der Quäl- und Leidensmöglichkeiten unterschiedlich beantwortet haben. Ein ehrfürchtiges, vielleicht glaubensstärkendes Schweigen vor denen, die in all dieser Not die Existenz Gottes niemals bezweifelten (vgl. die Ausführungen von C. S. Lewis nach dem Tod seiner Frau in »Über die Trauer«, 1991, S. 26 ff.); ein würdigendes, vielleicht gar solidarisches Anerkennen, dass Menschen aus dieser Not heraus Gott in ihrer Erfahrung und in ihrem Denken ein für alle mal verstoßen oder gar verloren haben. Die zunehmende Entsolidarisierung der Weltgesellschaft, die Anschläge von Terror und Ideologie mit ihren bestialischen Menschenverachtungen drängen uns Heutigen die Frage nach der Existenz und der Wirkfähigkeit des klassisch geglaubten Gottes auf.

Der Glaube ist kein versichernder Schutz

Auch in weniger dramatischen Verlusterfahrungen spannt sich die Breite der Möglichkeiten. Gewiss ist, dass es keinen vor dem Tod sicheren Schutz des Glaubens gibt, der unberührt immer und in ganzer Trostfülle abrufbar und verlässlich zur Verfügung steht. Wir kennen Menschen, deren Glaube durch Grenzerfahrungen auch der Trauer gestärkt, gereift ist; wir kennen Glaubende, die in ihrer Not selbst den Zweifel am so sicher geglaubten Gott durchleiden müssen; wir kennen vermeintlich Unglaubende, die auf dem Weg der Verlustannahme sich eines sinntragenden Gottes oder Göttlichen bewusst wurden. Gewiss ist, dass für viele Menschen die Frage nach dem Leben zu einer Frage nach Gott, nach der Transzendenz wird. Auch hier wieder die Aufforderung zum Respekt vor dem, was jedes einzelne Menschenleben leistet, leisten muss, wenn es um die geistliche Beheimatung angesichts tiefgreifender Verluste geht. Darin eingeschlossen sind auch die, die in ihrer Weltanschauung Gott nicht denken und glauben. Und wenn nichts als helfend erscheint in diesem Ringen um Gottverlust oder Gottgewissheit, so hilft wenigstens eines, dass diese Frage sein darf, vielleicht gar sein muss, und dass es keine Bewertung darüber gibt, wie sie beantwortet wird. Selbst wenn es in den Augen der Glaubensgewissen bedauerlich erscheinen mag, dass jemand seinen – bisherigen – Glauben verloren hat, so steht es niemandem zu, dies bewertend zu kommentieren. Die Frage nach Gott und dem Göttlichen ist im Leiden der Trauer schwer und erhaben genug. Sie verdient volle Unterstützung, Hilfestellung, wo gewünscht, vor allem aber Würdigung dessen, wie der Trauernde seinen Weg der Auseinandersetzung wählt.

Infragestellung von Gottesbildern

Die meisten haben Gott auch gelernt als einen, der liebt, der schützt, der zuwendet, der Not lindert, der das Beste für den Menschen will. Die Heiligen Schriften sind voll von Bekenntnissen zu dieser Erfahrung der Liebe Gottes. Und solange das Leben in halbwegs unangefochtenen Bahnen läuft, ist es schön, in diese Melodie der Liebenswürdigkeit und der alles tragenden Liebe Gottes einzustimmen. Dankbarkeit ist da nicht nur ein Gebot der Erziehung, sondern Ausdruck des Geschenks, ungehindert das Leben annehmen zu dürfen als Gabe der Schöpfung. Auf der anderen Seite steht die (Not-wendige?) Infragestellung der überlieferten Gottesvorstellungen.

Trauerleiden als Krise des Gottglaubens

Es wäre geradezu unnatürlich, wenn in der Erfahrung des Leidens, vor allem des unverschuldeten Leidens, dieses liebliche Gottesbild keinen Bruch erführe. Das ist ein Thema, das Menschen seit urzeitlichem Gedenken bewegt. Es ist Teil des Menschheitswissens, dass diese Herausforderung an den Gottglauben da ist. Ein Weisheitsbuch der Weltliteratur, das Buch Ijob, geht diesen spannenden, anstrengenden, quälenden, ohnmächtigen, trotzigen, herausfordernden, beklagenden Weg der Gottesauseinandersetzung. Darin kommen Vorwürfe gegen den sein Elend beklagenden Ijob und Erklärungsmuster der frommen Freunde des Geschundenen ebenso vor wie die Aufforderung seiner Frau, dem Gott abzusagen, ihm zu fluchen, und dann zu sterben – ins Nichts, wie zu vermuten ist, bis hin zur aufbegehrenden, sein Recht fordernden Auseinandersetzung des Ijob selbst mit dem Gott, der billigend sein Unglück geschehen lässt. In der Erzählung des Ijob-Buches ist es Gott, der dem Satan, dem »Hinderer« (vgl. Buber, 1976), die Macht gibt, das Glaubensmaß des frommen, gottzugewandten, sich seines Gottes gewissen Ijob zu testen. Von gewaltigem, von ungerechtem Tod geschlagene Trauernde nennen das Nichthindern des Unglücks durch Gott sein »billigendes in Kauf nehmen«. Diese Formulierung drückt einen grundsätzlichen Glauben an die Existenz Gottes noch aus, hat aber den Gott verloren, den es bisher so selbstverständlich gab. Nach einem überaus tragischen Verlusterleben mag man nicht mehr vom *lieben* Gott sprechen, nicht mehr von dem, der Gebete erhört, nicht mehr von dem, der schützend seine Hand hält über allem, was lebt. Ein wenig verstanden mögen wir uns fühlen, wenn wir auch in den Heiligen Schriften erfahren, dass Gott nicht nur der *liebe Gott* ist.

Es ist ein erschüttertes Gottesbild. Wie bei anderen großen, abwehrenden Erfahrungen in der Trauer mischen sich Ablehnung, gar Abscheu gegen solche nicht funktionierenden Trostgestalten und Trostworte. Dann ist Enttäuschung mit im Spiel, weil das so sicher geglaubte Fundament der Tröstung die Erwartung nicht erfüllt. Gleichzeitig gibt es den sehnlichen Wunsch, gerade diesen Trost erhalten zu können. Wenn schon die menschlichen Möglichkeiten nicht ausreichen, um Schutz und Leben zu garantieren, dann mag es wenigstens eine göttliche Hand geben, die trägt und hält und erhält, was spätestens an den Grenzen des Todes dem menschlich Machbaren entzogen wird. Es bleibt auch das Ringen um den Glauben, der sich *bedingungs*los anvertraut. Es kommt nicht selten die bleibend nagende Ungewissheit, ob Menschen sich Gott erfunden haben, um gerade Grenzerfahrungen wie die des Todes, gar des gewaltsamen, sinnlosen Todes, überhaupt aushalten zu können.

Das Spannungsfeld der Antworten

Es gibt nicht *die* alles und jeden er-lösende Antwort auf diese Spannung. Auch große Geister der Theologie haben sich mit diesen Möglichkeiten konfrontiert gesehen. Es braucht irgendwann die persönliche Entscheidung des Vertrauens auf diese Möglichkeit *Gott,* der trotz aller menschlichen Begrenzung trägt und hält und erhält.

Trauernden muss das Recht zugestanden sein – wie allen Menschen –, ihr Gottesbild zu gestalten, Gestalt werden zu lassen, immer wieder neu. Die Ermutigung dazu geben die vielfältigen Ausdrucksformen der Offenbarung in den Heiligen Schriften. Gott bleibt unerfasslich; und je mehr wir ihn meinen begreifen zu können, umso klarer ist, dass gerade in dieser denkbaren Erkennbarkeit des Wesens Gottes die noch größere Unerkennbarkeit dieses Wesens offenbar wird.

Bis zum Gotteshass: Von Gottverlust und Gottessehnsucht

Die Eltern, deren Tochter ermordet wurde, haben ein Recht, ihren Gott, den lieben, den schützenden, den gerechten, als verloren zu beklagen. Es bleibt, diesen Gott als erhaben zu benennen, unverstehbar, gar als grausam zu bezeichnen. Es ist auch erlaubt (falls jemand in diesen Zusammenhängen überhaupt etwas zu erlauben hätte), dass so geschlagene Menschen Gott hassen, das auch so aussprechen. Es ist beleidigend, von außen stehend zu sagen, dass der Hass ja eine Form der Liebe sei, der gekränkten, gequälten Liebe. Und doch kann es so sein – die so ohnmächtige, enttäuschte Erwartung an Gott mit dem Gefühl der Wut, gar des Hasses zu belegen. Für Menschen, die auf Gott vertrauen, sich ihm verbunden wissen, ist das ein schwer auszuhaltender Umgang mit Gott.

Das Buch Ijob kennt diese Enttäuschung, diese Ohnmacht, dieses Aufbegehren, diesen Trotz, gar den Hass gegen einen Gott, der bis ins eigene Fleisch des Geschundenen hinein Unheil billigt. Das Verlusterleben ist nicht einzig ein Prozess, den man mit seinem Verstand oder seinen Gefühlen auszufechten hat; auch der Leib als Ganzer ist gequält, krank, matt, enttäuscht. In der Erzählung des Ijob haben Geschwüre seinen Leib befallen, zerfressen, was vorher so selbstverständlich – und: Gepriesen sei der Herr! – gesund gelebt werden durfte. Die Frage nach heute angemessenen Gottesvorstellungen findet auch in der Literatur glaubender Menschen Ausdruck. Können wir uns in der Frage nach Gott heute noch in Denkmustern des 4./5. Jahrhunderts oder des Mittelalters bewegen (vgl. Halbfas, 2011)?

Es gibt nicht *die* erlösende Antwort der Gottesfrage mit der Lebensfrage. Ijob darf seine Gottanklage formulieren, ungeschminkt (Ijob, 29–30). In der Weisheitsdichtung des Ijob antwortet Gott (Ijob, 38,1–41,26) – erhaben, unerreichbar, menschennah und menschenfern zugleich – bis hin zu der Zumutung, dass es dem Menschen nicht gegeben ist, Gott in seiner Liebe zu erkennen. Eine für in verzweifeltem Leben sich quälende Menschen kaum aushaltbare Distanz und Ehrfurchtforderung. Es ist dem Menschen nichts anderes verfügbar, als sich dem Leben – für Glaubende: Gott, dem Göttlichen – zu ergeben. Abgesehen davon, dass uns letztlich auch nichts anderes übrig bleibt, ist das eine grunderschütternde Lebensgewissheit. Es ist nachvollziehbar, wenn Menschen diese Erkenntnis nicht ertragen und den Tod als Vernichtung, als Auslöschung für sich wählen, Tat des Grundzweifels an allem, was Leben ist.

Dass etwas nachvollziehbar ist, heißt nicht, das als einen hinzunehmenden Weg anzusehen. Auch Glaubende sind nicht davor bewahrt, in der Verzweiflung ihres Lebens und in ihrer Gottverlassenheit – oder ihrer Gottessehnsucht – sich das Leben zu entziehen. Es gehört zu den großen Tragödien, wenn die Verlorenheit des Lebens durch nichts aufzufangen ist.

Gemeinschaft der Glaubenden

Für viele trifft es ja zu, dass sie einen wie auch immer gearteten, aber *guten* Glauben an Gott hatten, ehe sie durch Leiden – auch durch Trauerleiden – in die Lebens- und Glaubenskrise gefallen sind. Lebensfrage und Gottesfrage hängen eng zusammen. Wie schon im Buch der Klagelieder so berührend formuliert ist, kann die schmerzlichste Spitze des Lebensschmerzes der Verlust des Vertrauens auf den Herrn sein: »Herr, du hast mich aus dem Frieden hinausgestoßen. Ich habe vergessen, was Glück ist. Ich sprach: ›Dahin ist mein Glanz und mein Vertrauen auf den Herrn‹« (Klagelieder Jeremias, 3,17 f.).

Es ist ja nicht so, dass alle, die ihren – bisherigen – Glauben an Gott verloren haben, es als Befreiung sehen, den Glauben als Ganzen endlich los zu sein. Vielen ist es Schmerz, die Geborgenheit dieses Glaubens, die Gott»gewissheit« verloren zu haben, obwohl sie nichts mehr ersehnten als wenigstens in dieser Gewissheit beheimatet zu sein. Gerade für Trauernde ist die Frage nach dem »Wo« und dem »Wie« der Toten so wichtig. Wenn es doch wenigstens die »Sicherheit« eines Jenseits gäbe …! Dann hat die Sehnsucht eines Wiedersehens ihr Recht. Dann ist das so lebenszermarternde Heimweh nach dem Verstorbenen nicht ohne jedwedes Ziel.

Der Verlust der eigenen Glaubensgewissheit, die Sehnsucht nach einem Gott, der sich mächtiger erweist als der Tod, sucht solche, die bewahren, was in der eigenen Verzweiflung nicht getragen werden kann. Die Gemeinschaft der Glaubenden bekommt ihre unverzichtbare Bedeutung, indem sie den Glauben auch für den weiterträgt, der aufgrund seines eigenen Lebensprozesses jetzt dieses ihm so wichtige Vertrauen nicht zu halten vermag. Gemeinschaft der Glaubenden erhält »anwaltschaftlich«, was Einzelnen verloren gehen kann. Und oft genug ist es ein dauerndes Geben und Nehmen derer, die zur Gemeinschaft der Glaubenden gehören. Jede und jeder kann in die Lebenssituation kommen, die so gern genommene Lebenskraft des Glaubens zu verlieren, schmerzlich diesen unaufhaltbaren Verlust zu erleben und dennoch im Verlieren zu bleiben. Kostbar, sich dann auf Mitglaubende verlassen zu können, die weiter erhalten, was in der eigenen Person nicht tragbar ist. Nicht selten werden die, die heute getragen werden müssen, morgen zu Tragenden für die, die heute tragen konnten.

Sagte eine durch das Leben gezeichnete alte Frau zu einem haltlos vergrämt Trauernden: »Sie haben Ihren Glauben jetzt verloren. Ich bewahre den jetzt für Sie, bis Sie ihn vielleicht wiederfinden können.«

Geistliche Begleitung

Es gibt die »professionelle« geistliche Begleitung. Es wird jede und jeder in der Begegnung mit Trauernden auch geistlich begleitend, wenn es um das Ringen in der Sinnfrage und in der Gottesfrage um Güte, Schutz, Gerechtigkeit und Liebe ebenso geht wie um Abwesenheit, billigendes In-Kauf-Nehmen, Liebesferne und Hass. Ängstlicher Glaube ist verängstigt, manchmal gar drohend bemüht, einen so in die Gotteskrise Geratenden so schnell wie möglich wieder in die Ordnung zu bringen. Zweifelsohne ist es ja auch für alle im »System Glauben« Befindlichen eine Bedrohung und Beängstigung, wenn das System nicht mehr selbstverständlich hält. Wenn aber Lebenskrise wie von selbst auch Gotteskrise wird, dann lässt es sich gar nicht vermeiden, dass Menschen auch in diese Abgründe der Fragwürdigkeit Gottes gedrückt werden. Wenn die Welt als Ganzes nicht mehr stimmt, kann auch das bisherige Bild vom Gott der – bisher geglaubten – Welt nicht mehr stimmen. So wie wir wie selbstverständlich zugestehen, dass ein Mensch sein Leben durch die Krise hindurch neu gestalten kann, gilt es auch, dieses Neuwerden der Sinndeutung, auch der im Glauben an einen Gott, für möglich zu halten.

Ein Mann, der nach einem schweren Unfall im Krankenhaus sein Bewusstsein wiedergewinnt, schaut auf das im Krankenzimmer hängende metallene Kreuz und sagt sich: »Das ist alles Blech.« Er meinte das im übertragenen Sinn. Ab da vollzog sich der Verlust seiner bisher gültigen Gottesvorstellungen – bis zu deren endgültigem (Zusammen-) Bruch. Daraus entwickelte sich ein bleibend skeptisch suchendes, zugleich oft auch unerwartetes beschenkendes Ringen um den oder die oder das, was wir Gott nennen.

Auch hier – wie in der Beachtung der Lebenskrise – geht es nicht um eine für sich zu ersehnende Krise (weil das Neuwerden so schön sein soll), sondern um die Not wendende Gestaltung der Krise, wenn sie denn da ist. Begleitung im Sinnerleben wird geistlich, wenn sie das individuelle Ringen um das Vertrauen mitgeht. Damit ist nicht an die Wahrung von unverzichtbaren Glaubenssätzen gedacht, sondern um einen Glauben, der vertraut, dass aus der noch so gottverlorenen Krise eine Gottzuwendung bleiben könnte. Es braucht ein größeres Vertrauen auf den möglichen Gott, wenn die Krise zugestanden wird, als wenn sie unterdrückt wird, um die Gotterhabenheit zu retten. Gott – so wir ihn glauben können – bleibt unergründlich. Daher sind die Möglichkeiten des Zweifelns und Verzweifelns an ihm sehr verständlich. Gott bleibt unergründlich. Daher gibt es nicht die eine, für alle zufriedenstellende Antwort. Gott bleibt unergründlich. Daher müssen wir, wenn wir denn geistlich leben (und begleiten) wollen, es für möglich erachten (»glauben«), dass Gott *es* wirkt. Dass diese Art der Ehr-Furcht und der Demut ganz und gar nicht im Hauptstrom unserer menschlichen Selbstbestimmung liegen, ist keine neue Erkenntnis. Sie ist Quelle mancher Qual – bis hin zur sich loslösenden Leugnung der Möglichkeit Gottes.

Von Karl Rahner, dem großen Theologen, wird überliefert, er werde viele Fragen an Gott richten, wenn er sein Leben endgültig vor Gott verantworte. Er meinte Fragen nach der Vereinbarkeit von Gottes Liebe angesichts der brutalen Möglichkeiten der Vernichtungskräfte durch Natur und Mensch. Vielleicht ist das für manche Trauernden, die Gott so gern vertrauten, aber sich von ihm so geschlagen fühlen, dass sie nichts als Fragen an ihn haben. Und irgendwann mag es durch die Seele und den Verstand gehen, dass wir, jetzt gewappnet mit so vielen Fragen an die Ungerechtigkeit und Uneinsehbarkeit Gottes, gar nichts mehr fragen werden, weil wir nichts mehr fragen müssen. Vielleicht werden wir tatsächlich auf nichts mehr eine Antwort verlangen müssen, wenn wir Gott erkennen, unverhüllt, wie es der durch die Schule des Lebens und der Krise gegangene Paulus in seinem hohen Lied der Liebe sagt: »Jetzt schauen wir in einen Spiegel und sehen nur rätselhafte Umrisse, dann aber schauen wir von Angesicht zu Angesicht. Jetzt erkenne ich unvollkommen, dann aber werde ich durch und durch erkennen, so wie ich auch durch und durch erkannt worden bin« (1 Kor, 13,12). Der gleiche Paulus konnte in der Qual unerfüllter Hoffnungsgewissheit sagen: »Wir wissen nicht, worum wir beten sollen. Der Geist ist es, der für uns eintritt in wortlosem Seufzen.«

Hilfreich, wenn die Gemeinschaft der Glaubenden an Glaubenskostbarkeit bewahren kann, was Einzelne aus ihrer Lebenskrise heraus für Zeiten nicht zur Verfügung haben.

Lebensfragen sind für viele Menschen eng verbunden mit Gottesfragen. Unterschiedliche Religionen spüren dem Geheimnis des Göttlichen nach. Menschen bewältigen ihr Leben auch in bewusster oder so erlernter Abwesenheit eines Gottesgedankens. Niemandem steht das wertende Urteil zu. Allen steht es zu, den Wert ihres Glaubens so hoch zu achten wie ihr Leben. Und da, wo Leben bis an die Grenze des Zweifels infrage steht, kann auch der Glaube grenzgängig infrage stehen. Trauernde in ihren Sinn- und Gottesfragen auszuhalten, ist ein Stück der Würdigung des je eigenen Menschen. Auch das Mitgehen mit Menschen ohne einen Gottglauben, ist geistliche Begleitung. Geistliche Begleitung ist Ermöglichung dieses Weges und anwaltschaftliches Vertrauen auf einen tragenden Lebenssinn. Für viele ist dies Gott, der sich dem Leidenden in seiner Erfahrung oft verborgen hat. Eben jener Schmerz, den das Klagelied beschreibt. Die Antwort des Klagenden dort heißt: »Gut ist es, schweigend zu harren auf die Hilfe des Herrn« (Klgl, 3,26). Wenn solcher Hinweis dem Trauernden eher überfordernder Schmerz sein kann – dem begleitend Mitgehenden kann er Hinweis für die Haltung seines Mitgehens sein – schweigend zu Harren auf das, was im Werden ist.

Die Mühsal der spirituellen Krise wird – wie das Trauergeschehen als »Werde-Gang« an sich – ganz individuell ausfallen. Bei dem einen wird diese Krise ohne äußerlich erkennbaren Veränderungsprozess vonstatten gegangen sein. Bei den anderen sind es vielerlei Umwege über alle möglichen esoterischen und nihilistischen Erscheinungsformen geworden. Das Ziel dieser geistlichen Krise ist der neue Zugang zum Verlorenen und der neue Zugang zum eigenen, nun anders gearteten Leben. Es ist gut, damit zu rechnen, dass in der Trauer die spirituelle Krise nicht den totalen Untergang des letzten Haltes markiert, sondern zu dem gehört, was im Folgenden das »ganz normale Chaos der Trauer« genannt wird.

Trauer erleben – Vom ganz normalen Chaos der Trauer

Das ganz normale Chaos der Trauer

Manch einer meint, Trauer könne man beherrschbar lernen. Je mehr Trauer überlebt worden sei, umso gewappneter gehe man in ein neues Trauererleben. Das stimmt begrenzt. Jede Trauer ist eine neue Antwort auf einen Verlust. Jeder Verlust hat seinen eigenen Charakter. Bestenfalls Vergleichbares lässt sich feststellen. Nie ist das Trauererleben gleich. Wir können Trauer nicht beherrschbar, gar souverän, uns aneignen. Allem Trauern ist gemein, dass es aus den Bahnen des Normalen wirft. Dieses Erleben Chaos zu nennen, ist nicht zu hoch gegriffen: Es stimmt auf vielen Gebieten nicht mehr, was vor dem Verlust noch eine verlässliche Sicherheit darstellte. Der Alltag ist nicht mehr Alltag wie immer, der Kreis der Freunde und Bekannten wandelt sich, die Seele schwankt zwischen Alleinseinwollen und sich nach Gesellschaft sehnen. Was früher Spiel freier Kräfte und geliebter Spontaneität war, erstarrt in dem einen Gedanken: Trauer und Verlust. Wildeste Gefühle springen wie aus dem Nichts auf und verschwinden wieder – sie hinterlassen eine grundlegende Verunsicherung und die Angst vor neuer Überwältigung durch Gefühle von Scham, Schuld, Wut, Ohnmacht, Idealisierung. War das Leben vor der Trauer noch durchaus zukunftsfreudig, fühlt es sich jetzt gelähmt an und trägt den Wunsch in sich, dem Toten ins Grab folgen zu dürfen. Und dann, viel später erst, die zaghaften Versuche, durch die Trauer hindurch das Leben neu sehen zu lernen, die Wankelmütigkeit, die nicht weiß, ob ein Lachen oder gar länger anhaltende Freude überhaupt sein dürfen oder ob sie entlarvender Verrat an der ewigen, den Tod überdauernden Liebe sind.

Ein Chaos der Gefühle braut sich in der Trauer zusammen: Sie überfordert, macht orientierungslos, quält in der Gegensätzlichkeit, frisst Energie und lässt oft unsäglich hellwach-müde zurück. Es ist eine Form der Unlebbarkeit, in der die Seele nichts mehr als den heilenden Schlaf ersehnt und von nahezu dämonischer Wachheit des Körpers verhöhnt wird.

Das Chaos der Trauer kann sich auch ganz anders offenbaren: in einer – wie ein Trauernder es beschrieb – *zombiehaften* Erstarrung. Menschen machen sich gefühllos, haben keinen Kontakt zu sich, kennen keine Bedürfnisse mehr, erleben die Sinne wie ausgeschaltet, die Welt sich ohne Zeitempfinden bewegend, wie durch einen schier undurchdringlichen Nebelfilter wahrgenommen. Solche Menschen wirken anstrengend bemüht, weder Höhen noch Tiefen des Erlebens in sich zum Schwingen kommen zu lassen. Das Leben muss durchgestanden werden – möglichst unberührt – unberührbar. Ein »Gegen-Leben«, wie ein trauernder Mann es treffend benannte.

Das alles ist das Chaos der Trauer – und dieses Chaos ist für das Verlustdurchleiden zugleich ganz und gar normal. Trauer ist so. Die Trauernden wähnen sich nicht selten verrückt. Sie sind es nicht! Die Umstände ihres Lebens sind tatsächlich ver-rückt, nicht mehr an der gewohnten Stelle. Für das Trauern ist das aber gänzlich normal. Eine Beruhigung zu wissen, dass dieses Chaos, diese Ver-rücktheit des bisher gewohnten Lebens eben ein zu erwartender Anteil der Trauer ist. Dieses Erscheinungsbild der Trauer wird dadurch nicht verharmlost; aber es ist gut zu wissen, dass die Trauernden in ihrem Gefühlsgewirr nicht falsch, nicht verrückt sind. Diese verschüchternde Wucht des ganzen Chaos entschärft sich, wenn man weiß, dass es für die Trauer normal ist.

Die folgende Beschreibung gibt diesem Chaos ein benennbares und wiedererkennbares Gesicht. Das Benennbare schafft zudem Solidarität mit allen, die Trauer tragen.

Abschied von der Normalität

Wenn der Verlust schleichend kam, dann wissen die Trauernden schon früh, was der Abschied von der Normalität bedeutet. Die Trauer beginnt nicht erst mit dem Tod oder einer anderen Form endgültigen Verlustes. Der Keim der Verzweiflung liegt im frühen Begreifen, dass da etwas nicht mehr wird – in der Beziehung, die auf Trennung hinläuft, oder in der Krankheit, die die bisherigen

Lebensgewohnheiten auslöscht, oder in der Krankheit, die zum Tod führt. Die Trauer beginnt mit dem Wissen um diese Wandlung auf den Verlust hin. Was bis dahin normal war, wird manchmal bis zur Unerträglichkeit beeinträchtigt. Ist es für jeden normal, sich aus dem Haus bewegen zu können, mal in die Stadt zu fahren, mal ein Buch zu lesen, mal ins Kino zu gehen, mal Leute zu treffen, mal zu trinken, was und wie viel man will, mal lecker essen zu gehen, mal unter Leuten unbeschwert oder tief angerührt zu sein, so fallen diese Selbstverständlichkeiten mit der Trauer für viele weg. Mal sind es die äußeren Umstände – zum Beispiel eine Pflegeverantwortung –, die diese Freiheiten unmöglich machen, mal ist es die eigene Last der Seele, die sich im Moment von alldem nichts gönnen kann. Da helfen für bestimmte Zeit noch so gute Hinweise und Entlastungsangebote nichts – es ist der Abschied von der Normalität, die Umwandlung des Lebens, das sich das zumindest für Zeiten nicht nehmen kann. Und wenn der Versuch unternommen wird, sich zu etwas Normalem – wie zum Beispiel einem Bummel in der Stadt – zu zwingen, dann quält sich die Seele mit allerlei Gedanken an zu Hause oder an die Situation, die eben jetzt nicht mehr normal ist. Eine ganz eigentümliche Stimmung lähmt oder stachelt die Seele auf: Die Sehnsucht nach Normalität ist wie der brennende Durst in der Wüste; die Bereitschaft aber, sie zu suchen, ist müde und kann sich nicht bewegen. Das macht das Trauern so schwer, so unerklärlich auch für andere. Die Trauernden benennen, wonach ihr Herz begehrt – und sagen im selben Atemzug, dass sie es sich nicht nehmen können. Da helfen keine liebevollen Überredungskünste, da sind Mahnungen Gutmeinender irgendwann eine Qual, wenn das Überredenwollen anhält. Es gibt die Zeit der Trauer, in der vieles an Normalität verloren ist und auch so sein will und sein muss.

Isolation und Verlust von Freunden

Wenn schon die Normalität stark eingeschränkt ist, dann wirbelt das Chaos dieses trauernden Lebens weitere Fremdheit auf. Ein Sprichwort sagt, die guten Freunde erkenne man in der Not. Diese Erfahrung machen fast alle Trauernde – durchaus auch sehr schmerzlich! Freunde und Bekannte meiden den Kontakt. Ist dem Sterben eine anhaltende, damit im sozialen Leben auch ausgrenzende Pflege vorausgegangen oder ist bei einer Trennung ein erkennbares Auseinanderleben geschehen, ist diese Erfahrung der Isolation schon vor dem Verlust deutlich fühlbar. Sonderbarste, in der Wirrnis des vereinsamenden Trauerns so unbegreifliche Situationen geschehen: Da wechseln Bekannte schnell die Straßenseite; da werden die Trauernden im Geschäft glatt übersehen, verstecken sich die Bekannten hinter Regalen, tun erstaunt, wenn sich Blicke oder gar Begegnungen nicht vermeiden lassen. Telefonate werden spärlicher, gelegentlich erfährt man über Dritte Erkundigungen nach dem Befinden oder wohlmeinende Grüße, die aber bei den Trauernden eher Wut und Ablehnung hervorrufen als dankbare Annahme. Allernächste Freunde melden sich oft monatelang nicht, sind dann aber beleidigt, wenn die Trauernden nach einem späteren belanglosen Telefonat kein Interesse mehr an einem Kontakt haben. Einladungen werden seltener, versiegen ganz, weil man meint, das tue dem Trauernden nur weh und er käme sowieso nicht. Und ob die Stimmung der Feier zerstört wird?

Und wenn ein Kontakt sich nicht vermeiden lässt, dann wird von allem Möglichen gesprochen, nur nicht vom Trauerereignis, werden Ratschläge erteilt oder wird der Kontakt durch Banalitäten erstickt. Und dann noch: »Wir müssten uns wieder öfter sehen« – und der Klang der Stimme vermittelt mir: Das möge nicht passieren. Und dann ergießt sich auch noch ein selbstbezogener Redeschwall eigener Betroffenheiten über den Trauernden. Trauernde sind oft noch einsamer und verlassener, wenn sie solche Unachtsamkeiten und das in ihrem eigentlichen Übersehenwerden hinter sich gebracht haben. Manches wird als Vergewaltigungen der Seele erlebt. Da geht, wenn möglich, nur, sich schützend wegzuhören und wegzufühlen, bis es vorbei ist.

Die Unbeholfenheit des Umfeldes

Trauernde haben sogar ein gewisses Verständnis für die Unbeholfenheit und Verunsicherung der Freunde und Bekannten. Sie erinnern sich an die eigene begrenzte Wahrnehmung dessen, was Trauer ist, solange sie nicht selbst davon betroffen waren. Zudem erleben die Trauernden, wie wenig sie sich und ihren bisher geltenden Normen vertrauen können. Aber dieses Wissen und diese eigene Unsicherheit haben keine dauerhafte Entschuldigungskraft. Dafür geht es im Trauern oft genug um das reine Überleben, sich im Leben halten können. Vertraute und Freunde sollten da möglichst stützend und dienend sein. Trauernde wünschen sich Freunde, die sich melden, die ihre eigene Unsicherheit bekunden, die vielleicht auch nur weinen oder nur sagen, dass sie nichts sagen können, dass sie da sind, wenn es erwünscht ist, egal wie, ob mit Reden oder Aufrechterhalten der Alltagsnormalität. Freunde, die in der Bewältigung der Alltäglichkeiten einspringen – wenn die Heizung immer wieder defekt ist, das Auto nicht anspringt, das Scheckausfüllen zu erlernen ist oder wenn die Bedienung eines Rasenmähers angeeignet werden soll oder einfach mal mitlaufen durch die Stadt, durch die Natur, nicht einmal wissend wohin. Das Schweigen oder Übergehen durch Freunde und Bekannte macht die Isolation so ausdörrend für die Trauernden. In einer Runde zu sitzen, in der von allem, aber nicht vom Verlust gesprochen werden darf, ist eine unerträgliche Zumutung.

Und dann diese unausgesprochenen Skalen der Wertigkeit und Erlaubtheit von Trauer: Die Gesellschaft billigt einem gewaltsamen Kindstod oder einem unerwarteten Unfalltod oder einem jugendlichen Suizid mehr Trauerbonus zu als einer alten, lange zu pflegenden Mutter oder einem »sowieso« behinderten alten Bruder. Es ist manches Mal erschütternd wahrzunehmen, wie in der Gesellschaft mit der Einmaligkeit eines Menschenlebens umgegangen wird. Das Zulassen von und das Mitleben der Trauer sind Zeichen dafür.

In die Isolation treiben ebenso die ungeduldigen Aussprüche, Mahnungen, Vorwürfe und psychologischen Zustandsdeutungen durch andere. Diese ertragen oft die Dauer der Trauer nicht, ertragen

Zwischenzustände des Trauerweges nicht, reden gut zu und verletzen dabei, bagatellisieren, was den Trauernden unsägliches Leiden ist: Sie sagen dem in Trauer Verstrickten, er dürfe sich da nicht hineinfallen lassen, sonst werde es problematisch; sie sagen der Ehefrau, der Mann sei doch schon lange krank gewesen und es sei schließlich besser so für alle; sie sagen dem jungen Ehemann, der seine Frau durch einen Unfall verlor, wer wisse, was ihr im Alter und bei der unsicheren Weltlage alles an Krieg und Katastrophen erspart geblieben sei; sie sagen den fassungslos-versteinerten Eltern, dass sie ja noch andere Kinder hätten und noch jung genug seien, um ein neues zu bekommen.

Bei derartiger Verletzung der Gefühle Trauernder ist der schützende Rückzug in die selbst gewählte Isolation nur allzu verständlich.

Trauernde ziehen sich zurück, weil sie erst selbst begreifen lernen wollen, was durch den Verlust mit ihnen geschieht. Trauernde ziehen sich zurück, weil sie den Verlorenen nicht mit anderen teilen möchten. Trauernde ziehen sich zurück, weil sie sich in ihrer Andersartigkeit nicht verstanden fühlen. Trauernde ziehen sich aus Enttäuschungen zurück. Trauernde ziehen sich zurück, weil sie ihren Toten nicht selbstverständlich dabei haben dürfen. Trauernde sind viel verwundbarer. Oberflächliches Gerede kann ungemein verletzend und ermüdend sein. Die selbstgewählte Isolation ist ein Schutzwall.

Selbstgewählte Isolation

Das isolierende Verhalten Außenstehender baut eine Mauer der Fremdheit und des Alleingelassenseins um die Trauernden. Nicht selten führen solche Erfahrungen dazu, dass Trauernde sich selbst isolieren. Sie haben keinen Menschen, der ihre Trauer versteht, sich bemüht, sie mit ihnen auszuhalten. Auf der Suche nach verstehenden Begleitern kraftlos gewordene Trauernde sagen schließlich: Es gibt niemanden; und wenn es jemanden zu geben scheint, dann erzählt er nicht selten von sich, von seiner Trauer, von seiner Art, alles überwunden zu haben, von der Notwendigkeit, sich nicht hängen zu lassen, von der Schönheit des Wetters und den günstigen Sonderangeboten im Kaufhaus. Und die Trauernden ziehen sich zurück und wählen die – oft zermürbende – Selbstisolation.

Es gibt aber auch eine andere Form der Isolation: den selbstgewählten Rückzug. Zu einem Teil ist es eine ganz normale Phase der Orientierung in der gänzlich anders gewordenen Welt. Zum Teil ist er Schutz vor zu viel Fremdbestimmung. Wenn er bleibend anhält, kann er aber auch Warnsignal einer nicht mehr nur normalen Trauer sein.

Die Kraft der inneren Verbindung

Trauernde brauchen eine Zeit besonders inniger Verbindung mit dem Verlorenen – jene Symbiose, aus der sich im gesunden Verlauf die Kraft für ein eigenständiges Leben finden will. In dieser Phase ist Rückzug der Wunsch, den Verlorenen nicht mit anderen teilen zu müssen, zu wollen und zu können. Erst wenn dieses Klammern sich festgesetzt hat, wird es zu einem Baustein erschwerter, krankmachender Trauer, die Hilfe braucht, um ein Leben weiter offen zu halten. Das Leben weiter offen zu halten ist in diesem Zustand so schwer, weil manche Trauernde das gerade nicht mehr wollen: das Leben, schon gar keines, das offen für neues Leben sein mag.

Abschirmende Trauer ist in manchen Kreisen ein gesellschaftliches Problem. Sterblichkeit und Trauer werden als persönliches Versagen, als Unfähigkeit des »reifen Umgangs mit Lebenskrisen«, als nicht hinnehmbare Schwäche gewertet. Bei diesen Menschen ist anerzogen, dass »man« jede Situation meistert und mit der Würde des Standes oder der Bildung ertragen und bewältigen kann. Derart Betroffene erleben in den möglicherweise hemmungslosen Grenzen und Nöten der Trauer manchmal eine Demaskierung ihres so unantastbar und aus dem normalen Leben herausgehobenen Standes. Verlust und Trauer schmälern dann radikal den Selbstwert.

Ein Mann aus dem gehobenen Bürgertum trauert um seine verstorbene Frau. Er sucht verschiedene Gesprächsmöglichkeiten, macht sich Notizen, fragt nach Literatur, kennt sich in Fragen der Trauer jetzt schon fachlich etwas aus. Bis er eines Tages weinend da sitzt und beklagt: »Dass ich damit nicht souveräner umgehen kann!«

Einige Trauernde versteinern in diesem Selbstwertverlust. In Literatur und Film sind viele derartige Dramen auf erschütternde Weise belegt.

Andere Trauernde treten aus der selbst gewählten Isolation der Einsamkeit nach einer gewissen Zeit wieder an die Öffentlichkeit und versuchen, ihr Leben neu einzubinden in den Lauf der Zeit. Wieder andere treten nach Zeiten des Abtauchens auf und versuchen mit allen Kräften so zu erscheinen, als sei nichts Wesentliches geschehen.

Signale des Rückzugs

Im selbstgewählten Rückzug kann sich aber auch der Ruf nach einem Menschen verbergen, der das Elend sehen und sich erbarmen möge. Darum ist Rückzug von »richtigen« Freunden nicht nur hinzunehmen. Es kann wichtig sein, dass Trauernde immer wieder auch Ansprache erfahren. Sie müssen aber selbst entscheiden können, ob und mit wem sie Kontakt haben möchten. Trauernde nutzen selten das Angebot »Du kannst dich ja melden, wenn du uns brauchst«; sie können es oft nicht, weil ihnen die Kraft dazu fehlt. Trauernde brauchen wertschätzenden Zuspruch, um sich aus der selbstgewählten Isolation im eigenen Tempo lösen zu können. Es kann auch sein, dass irgendwann das beherzte Zugreifen echter Freunde geschieht, die sagen: »Jetzt wird mal richtig gegessen; jetzt koche ich für dich; jetzt lass uns die düstere Wohnung verlassen, um mal an die frische Luft zu gehen …«. Dieser Einspruch kann eine Pein bedeuten, wenn er zur unrechten Zeit kommt. Er kann helfen, wenn zur rechten Zeit gewählt. Dies ist in Prozessen, in denen Menschen aus Erstarrungen gelöst werden, immer ein Ausprobieren. Es ist in der Begleitung Depressiver zum Beispiel bekannt, dass nicht einzig »Einfühlen« angesagt ist, sondern zur gegebenen Zeit auch die Herausrufung, die »Provokation« in neue Lebensmöglichkeiten. Es ist eine Frage der Grundhaltung, sich auf einen anderen

Menschen in seiner Eigen- und Einzigkeit einzulassen und aus dieser sehr wertschätzenden Grundhaltung die Zeit abzupassen, da es »richtig« ist, die Selbstisolation zu durchbrechen. Ausdrücklich warnen möchten wir vor den »Erlösungen«, die aus der ganz andersartigen Lebensbewältigungsstrategie oder aus Ungeduld vorschnell aufgezwungen werden.

Menschen, die in normaler Trauer die Zeit der Selbstisolation wählen, wenden sich nach einer gewissen Zeit von selbst wieder anderen Menschen zu. Die Trauer braucht ein Mitgehen von anderen, auch die normale Trauer. Sie sucht und wird im Normalfall einen oder mehrere Menschen finden, die Hilfestellung leisten können. Recht vielfältig kann diese Hilfe im sozialen Netz der Trauernden sein – von ganz praktischer Stütze bis zu seelenverbundener Vertrautheit. In einer Trauerbegleitung ist es daher wichtig, das weitschichtige soziale Gefüge der Trauernden bewusst im Blick zu halten und es behutsam zu aktivieren.

Das soziale Netz in der Trauer

Eine Frau, die früh ihren Mann verlor, klagte darüber, sich so allein und unverstanden zu erleben. Ein lebendiger Blick auf das Beziehungsgefüge ihrer engeren und weiteren Familie offenbarte, wie unterschiedlich und reich die Versorgung der »ganz normal verwirrten« Trauernden ist: Der jüngste Sohn gewährleistete, dass sie mitten in der Arbeit aufhören dürfte, um ihrer Trauer um ihren Verlust nachzugehen, denn der Junge sagte, er höre mitten im Spiel auf, wenn er an Papa denke und dann weinen müsse. Die größere Tochter rebelliert gegen den Tod, geht nicht zum Grab, zeigt kein Weinen, findet die Welt nur zum Kotzen – und in diesen Gefühlen spiegelt sie etwas in der trauernden Mutter wider, die vor ihren Kindern nicht weint und ihr Leben auch körperlich fühlbar »zum Kotzen« findet. Eine Schwester der Frau sagt knallhart, der Tod gehöre zum Leben, das sei so, der erwische alle früher oder später, und man müsse jetzt für das alltägliche Weitergehen sorgen – und in dieser so kalt erscheinenden Schwester leuchtet eine ebenso überlebensnotwendige Kraft für die Trauernde auf: Der Alltag hat tatsächlich ganz normale und nötige Verrichtungen. Die Mutter der Trauernden sagt, dass sie ganz hilflos sei und Angst habe, wenn sie die Macht der Trauer in ihrer Tochter spüre; aber die Kinder zu nehmen, wenn sie Ruhe brauche oder allein sein wolle, das könne sie. Eine andere Schwester schließlich ist »wie von gütiger Hand geschickt« immer dann gerade zufällig in der Nähe, wenn die Trauer alle Lebensfäden zu zerreißen droht.

An diesem Beispiel erfahren wir, wie sich für Trauernde nicht selten ein Beziehungsgeflecht offenbart, in dem die emotionalen und lebenspraktischen Anforderungen sich hilfreich festmachen lassen. Nicht nur das Leben wird anders, auch der Kreis derer, die diesem Leben wichtig sind, wird anders, oft grundlegend anders.

Besetzung durch die Trauer

Wer nicht in Trauer ist, tut sich schwer, der so starken, unentrinnbar aufscheinenden Macht der Trauer zu glauben. Wir Menschen sind geneigt, für – fast – alles eine lösende Regelung zu sehen. Wenn es schwieriger wird, wenn die Lebensumstände mit Worten allein nicht gleich wieder ins Lot zu bringen sind, dann suchen wir nach Hilfen unterschiedlichster Art. Vieles steht zur Verfügung, das an sich sinnvoll und helfend und heilend wirkt: autogenes Training, Sport, jede Art körperlicher Bewegung, Yoga, Entspannungsübungen usw. Neben den Körper mit einbeziehenden Möglichkeiten können auch um die Seele sorgende Gespräche mit Verstehenden stützend heilsam sein, ebenso geistliche Übungen wie Meditation und Gebet.

Und dennoch: Trotz oder in aller Hilfe gibt es das gewaltige Gefühl, von der Trauer geradezu lähmend besetzt zu sein – bis in alle Lebensbereiche. Weil ein solches, sich allem bemächtigendes Empfinden meist vorher nicht bekannt ist, macht es besondere Mühe. Ausgeliefert der Trauer, die das alles beherrschende, alles besetzende Lebensgefühl wird. Bei noch so guter Sorge für sich selbst nimmt die ausgelöste Trauer ganz weiten Raum für sich ein. Nicht zuletzt diese Besetzung verhindert viele denkbare und durchaus nützliche und auch gewollte Lebensimpulse. Das eigene, doch selbstständig gewollte und gepflegte Leben wird durch Trauer besetzt und verwirrt. Der Zurückgebliebene weiß nicht mehr, wo jetzt sein Platz im Leben, im Haus, am Tisch, im Bett usw. ist.

Die Erfahrung der Allmacht der Trauer macht sich in Alltäglichkeiten, in den Banalitäten des Lebens besonders schmerzlich fest. Es gibt dann nur den *einen* Gedanken, nur den *einen* Schmerz, nur das *eine* Gefühl.

Weil dieses beschlagnehmende Empfinden so hindernd erfahren werden kann, versuchen Trauernde auch auszureißen. Sie flüchten in Überaktivität, in Abwesenheit von zu Hause, in überstürzte Ferienreisen oder in panikgetriebenes Umstellen der Möbel und anderer bisher gemeinsamer Lebensräume. In eine solche Flucht schreibt die Gewalt der Trauer sehr oft umso unentrinnbarere Botschaften: Es ist das fast unheimliche Gefühl, als warte die Trauer mit der unbezwingbaren Geduld der Siegerin an der Haustür, am Küchentisch, neben dem Fernsehsessel, am Spiegel im Bad oder an der Bettkante, um sich mit unbändiger Wucht in Erinnerung zu halten. Manchmal ist es tatsächlich ein beängstigend gespenstisches Empfinden, wenn Menschen so unerbittlich von der Trauer erwartet werden – in jeder freien Minute, wenn die Dämmerung einzieht, wenn Sonn- und Feiertage oder besondere Gedenktage sind, wenn Blumen zu üppig bunt erscheinen, Vögel zu selbstverständlich singen oder die Sonne zu verschwenderisch scheint. Dann holt sich die Trauer, was sie zu brauchen scheint. Besonders dann ist es für den Trauernden schwer, die Trauer als etwas Heilwollendes, als »Patin des Verlustes« zu erkennen. Zu drückend sind die Lebensschmerzen, zu verständlich darin oft genug der Wunsch, zu fliehen. Es sind nicht die erhabenen Theorien über Tod, Verlust, Abschied und Trauer, die das Trauern so gewaltig, so das Leben zwingend, besetzend machen; es sind die tausend kleinen Alltäglichkeiten, die die Wucht der Trauer als Lähmung und Aufgabe offenbaren: Es ist die Frühstückstasse, die nicht mehr wie gewohnt auf den Tisch gestellt werden kann; es ist die Jacke, die sie trug; es ist ein bestimmter Duft, den sie beide mochten, die besondere Musik, die Blume, der Blick aus dem Fenster … – und die ganze, wegschwemmende Gewalt der Trauer ist im Nu da.

Trauerprozesse sind – so sie heilend gelingen sollen – nicht abzukürzen. Im Durchleben geben sie die Chance der gesundenden Umwandlung des Lebens und der bleibenden, liebetragenden Verbindung mit den Toten.

Zweifel an der eigenen Lebenskraft im sozialen Umfeld
In dieser großen Gegenwart des Trauerns kommen Minderwertigkeitserfahrungen, kommen Verunsicherungen, ob man überhaupt noch lebensfähig sei ohne den verlorenen Menschen. Das vorherrschende Gefühl von Trauer macht scheu vor Lustigkeit, scheu vor geselligen Veranstaltungen, vor Festversammlungen. Trauernde sollen gut abwägen, ob überhaupt und wenn ja, wie lange sie sich Gesellschaften zumuten wollen – zum Beispiel bei einem Fest am Arbeitsplatz, bei einer Familienfeier, an Weihnachten. Die Trauernden müssen sich das Recht nehmen und das Recht haben, zu- oder abzusagen, zu kommen und früher wieder zu gehen, ohne sich rechtfertigen zu müssen. Die Festfeiernden müssen das Recht haben, ihre Lebensfreude zu feiern. Es gibt Formen des Feierns, an denen auch die Trauernden teilhaben können – und wenn es für den Trauernden auch *nur* die vorbehaltlose und echte Zusage gibt, ohne große Erklärung das Fest verlassen zu dürfen. Feiern können in aller Bejahung des Lebens gelingen, froh und lustig sein, und trotzdem bewusst die Toten miteinbeziehen. Grundsätzlich können Versammlungen für Trauernde offen sein, wenn sie wahrhaftig eingeladen sind, ihren Verstorbenen mitzubringen. Trauernden reicht es meist, wenn es irgendwo im Rahmen der Feier einen oder mehrere Menschen gibt, bei denen die Trauer ausgesprochen sein darf. Wo dies möglich ist, löst sich auch etwas von der Besetzung, weil sie Luft bekommt und darin frei wird für andere Wahrnehmungen von Leben – auch bei einem festlichen Anlass. Die Trauernden erwarten nicht, dass die Lebensfreude eines Festes ihretwegen abgeschnitten sein soll. Wenn

sie festliche Lebenszuwendung überhaupt nicht ertragen können, werden sie von vornherein nicht teilnehmen. Wenn aber genügend Mut da ist, sich in ein Fest zu begeben, dann reicht die Haltung der Offenheit, auch als jemand da sein zu dürfen, der Trauer trägt. Oft hilft es, wenn jemand aus dem Kreis der Mitfeiernden die verunsicherte Angst überwindet, auf den Verstorbenen zu sprechen zu kommen. Ein paar Gedanken und meist genügt das, um sich dort aufhalten zu können. Es kann auch schon reichen, dass jemand den Namen des Toten erwähnt und bekundet, dass er gerade jetzt auch an ihn und die Trauernden denkt. Und wenn es zu viel wird (was man gar nicht immer im Voraus wissen kann), dann muss man als Trauernder auch gehen dürfen, ohne sich weitschweifig dafür entschuldigen zu müssen.

Es ist gut, wenn Trauernde sich nicht überfordern. Es gibt Zeiten, da ist die Bestimmung des Lebens durch die Trauer so dicht und undurchdringlich, dass frei gewähltes Zurückbleiben die einzig sinnvolle Antwort auf den derzeitigen Gemütszustand ist. Auch schwermütige Stimmungen sind nicht an sich bedrohliche Vorboten des Weltuntergangs. Wachsamkeit ist geboten, wo diese Besetzung kein Durchgangsstadium ist, sondern den gesunden Trauerweg hemmt. Hier ist Hilfe angezeigt, um sich aus der anhaltend lebensverhindernden Bedrückung befreien zu helfen. Fragt man nach der Zeit, die eine solche Besetzung durch die Trauer einnimmt, so gibt es keine einheitlich gültigen Antworten. Die Unterscheidung zwischen ganz normalem Chaos der Besetzung durch die Trauer und der erschwerten Trauer liegt darin, ob Bewegung vorhanden ist, ob Kontakt zum Grund der Trauer besteht und ob die Trauer überhaupt angeschaut und gefühlt wird. Das alles gesagt im Wissen, dass »Bewegung« keine Frage der Geschwindigkeit und der geregelten Zeitspannen ist.

Verzweiflung

Verzweiflung ist, weil sie da ist

Wenn das Leben fundamental in Zweifel kommt, ganz und gar; wenn nichts mehr stimmt; wenn das eigene Leben als nichtig erfahren wird, nichts mehr Sinn gibt, die Gegenwart und die Zukunft eine Qual oder gänzlich verloren sind; wenn die Welt nur noch als Gewalt und Lieblosigkeit erlebt wird; wenn der Verstand entwurzelt und so wenig verstehend hilfreich ist; wenn Gott keine Liebe und keinen Halt mehr gibt; wenn das Leben nicht mehr ist, obwohl es ist, dann ahnen wir, was Verzweiflung ist. Sie ist ein bodenloses Gefühl, gewaltig und bedrohlich, weil nichts mehr gesichert ist. Die Welt, das Weltbild, das bis ehedem tragen konnte, ist zersprengt. Es gibt nichts mehr, was Trost oder gar Glück bedeuten kann. Und »krönend«, den letzten Halt abschneidend, ist für den Glaubenden in dieser Not der Verlust des transzendenten, des göttlichen Haltes. Im Buch der Klagelieder (3,17–20) heißt es dazu: »Herr, du hast mich aus dem Frieden hinausgestoßen; ich habe vergessen, was Glück ist. Ich sprach: ›Dahin ist mein Glanz und mein Vertrauen auf den Herrn.‹ Meiner Not und Unrast zu gedenken ist Wermut und Gift. Immer denkt daran meine Seele und ist gebeugt in mir.«

Verzweiflung, weil das Leben entzweit ist
Søren Kierkegaard (1844) nannte die Verzweiflung eine »Krankheit zum Tode«. Damit fasst er zusammen, was Betroffene auch so beschreiben. Es ist die »Ver-zweiflung«, die das Leben als Ganzes zwischen die widersprechendsten Spannungspole zerrt. Das Leben ist entzweit, ohne tragenden Halt und Grund. Manchen wird diese Ent-Zweiung zu einer körperlichen Erfahrung, indem sie den Eindruck gewinnen, dass die Körperzellen nicht mehr richtig aneinandergebunden sind, dass das Körpergefüge als Ganzes aus dem Halt geraten ist. Auf eigene Weise dramatisch können das Menschen erfahren, die sich auf die Kraft ihres Geistes verlassen, die gewohnt sind, das Leben auch in schwierigen Herausforderungen mit dem Verstand zu verstehen und nach Möglichkeit zu meistern.

Der Trauernde, der bisher im Geistigen mehr zu Hause war als mit seinen Gefühlen verbunden, versucht, mit den ihm vertrauten und selbst zu steuernden Mitteln den Verlustprozess zu begreifen, zu verstehen, mit Logik anzugehen. Der Geist ver-zweifelt, weil er

Zweifel an der Zuverlässigkeit der Geisteskraft hinnehmen muss. Denn sie gilt hier nicht mehr uneingeschränkt, die vermeintlich alles einsehbare, handhabbar machende Logik. Es bleibt Zerrissenheit, Entzweiung des Lebens. Der Verstand kann sich nicht entscheiden zwischen zweien, zwischen Richtungen, zwischen einerseits und andererseits; zwischen »sterben wollen« – und nicht können; zwischen »das Leben hassen« – und an ihm hängen; zwischen »reden wollen« und verstummen müssen; zwischen »lebendig« und »tot«. Das »Zwei«, das in »Ver-zwei-flung« steckt, ist etwas vom unendlich Zerrenden. Es ist der unaushaltbare Druck, der entsteht, wenn Menschen »dazwischen«, nicht mehr behaust und ohne tragenden Grund sind. Es ist für den Verzweifelnden ja nicht nur so, dass sich ihm die Welt *verändert,* sich ihm entfremdet hat. Viel Gewaltigeres ist geschehen: Die Welt ist nicht mehr. Und in einer nichtexistenten Welt leben zu sollen ist schwerlich. Das ist logisch, aber – und das mehrt die Ohnmacht der Verzweiflung – irgendetwas will dennoch leben. »Nichtleben im Leben«, nannte das eine Verzweifelte. Wo und wie kann der Verzweifelte leben, wenn keine Welt mehr ist? Selbst der Freitod ist da keine Wahl, weil gar keine Wahl mehr ist, weil keine Welt mehr ist. Und dennoch *ist* der Verzweifelte. Verzweifelte leiden, geistig wie körperlich.

Verzweiflung ist ein abgründiges Trauergefühl und darin auch ein angemessenes. Angemessen heißt nicht wünschenswert, heißt auch nicht unbedingt erforderlich, heißt aber, dass es Trauerzusammenhänge gibt, in denen die Verzweiflung eine der dazugehörigen und damit angemessenen Reaktionen ist. Dabei lässt sich nicht festlegen, ab wann das Angemessene angemessen ist: Für die einen ist der Tod des Partners selbst nach einem satt erfüllten, langen gemeinsamen Leben Grund zur Verzweiflung, für die anderen der traumatische, gewaltsame Tod eines Kindes. Allen gemeinsam ist der Verlust dessen, was innerlich und äußerlich leben ließ.

Gemeinsam ist der Zweifel an allem, was das Leben bis dahin trug.

Hilfe in Verzweiflung zwischen Totsein-Wollen und Leben-Wollen

Natürlich ist es gefährlich zu verzweifeln. Das Leben, das Verzweiflung braucht, um sich bestenfalls neu zusammenfügen zu lernen, ist in einer abgründigen Gefahr. Es ist die Gefährdung durch Geistes-, Sinn- und Zukunftsverlust, für Glaubende auch durch Gottesverlust.

Es versteht sich, dass Menschen in solchen Gefahren möglichst nicht schutzlos sich selbst und dem Zweifel überlassen bleiben. Sie brauchen neben der Zuneigung anderer das Verstehen dessen, was geschieht. Wenn Verzweiflung das Leiden des Kopfes ist, auch ein Schmerz des Denkerischen, so kann es sehr hilfreich sein, dieses Phänomen der Verzweiflung »logisch«, im Vertrauten des Denkens zu erklären zu suchen. Dem Verzweifelten ist oft der Verstand das Instrument, sein »Nichtleben im Leben« zu verstehen und zu bewältigen.

So kann das Erklären dieses psychodynamischen Sinnes und der Aufgabe von Verzweiflung für den verzweifelt Trauernden ebenso wichtig und stützend sein wie die Erlaubnis, in Verzweiflung »angemessen« zu trauern. Manchmal sind – und vor allem für Menschen, die mehr Menschen des Verstandes als der Gefühlsäußerungen sind – Erklärungen des psycho-logischen Geschehens ebenso wichtig wie die treue, einfühlende Begleitung.

Es ist nicht so leicht, mit der eigenen Verzweiflung oder mit Verzweifelten umzugehen. Vorschnelle Sinnangebote, Trostsprüche, Appelle zur Disziplin, soziale Einforderungen, religiöse Postulate können Verzweiflung vermehren, weil sie offensichtlich werden lassen, was dem Verzweifelten fehlt. Der Verzweifelte leidet unter anderem daran, dass er all das nicht mehr selbstverständlich als Bewältigungsmechanismen zur Verfügung hat. So paradox es klingt: Weil der Verzweifelte diese selbstverständlichen Sicherheiten verloren hat, ist er in Ver-Zweiflung, braucht aber auch einen »Anwalt«, der diese alten, nun zersprengten Werte weiter durchträgt. Es ist gut, wenn der Trauernde sich eines Tages wieder einmal selbst diese lebensspendenden Werte und Geistesfähigkeiten zu eigen machen kann. In der Trauer Mitgehende müssen über weite Strecken auch unausgesprochen diese Anwaltschaft der geistigen und emotionalen Lebens-Werte in seiner Person darstellen, auch wenn der Verzweifelte immer nur Gegenteiliges äußert und ablehnt, was der Begleitende an Lebenswertem verkörpert.

Die Verzweiflung erweist sich als der Trägerschmerz des Lebensverlustes, durchleidet diesen und sucht nichts mehr als die Wiederverbindung mit diesem – im Trauererleben verlorenen – Sinngrund – oder aber, wenn der Sinngrund nicht mehr zu haben ist, den Tod, die endgültige Vernichtung.

Der Todeswunsch des Verzweifelten ist die Steigerung der Sinnleere durch die Zumutung des Zurückbleibens, ist der Verlust und die Ablehnung des Glaubens, dass ihm noch Leben zugedacht sein könnte. Selbst die Vorstellung, dass das eigene Leben einen Wert in sich hat, wird verneint, weil das Leben ohne den anderen entleert erscheint. Die Bedeutung und Einzigkeit des eigenen Lebens ist nicht mehr. Alles, selbst die Blumen im Frühling, sind aussagelos, bestenfalls Provokation eines Lebens, aus dem man herauskatapultiert wurde; Anklage an ein Leben, das nichts mehr bieten kann, nichts mehr bieten soll. Wie sonst soll spürbar und aufgewogen werden, wie unendlich tief und unhandhabbar der Schmerz des Verlustes ist. Selbstaufgabe, Verzweiflung, Schrei nach Leben, Ablehnung des Lebens, wenn es ohne den Verlorenen weiter gehen soll. Eine sehr komplexe, ungemein beanspruchende, energie- und lebensraubende Daseinsbestimmung.

Verzweiflung ist kein Verschulden

Verzweiflung ist kein Verschulden des Trauernden, sondern eine Erfahrung, in die er durch den Verlust gefallen, geradezu aus dem bisher bejahten und gut organisiert lebbaren Leben geschleudert worden ist. Es ist ein Selbstseinverlust, schmerzlich erlitten, dem man über weite Strecken hilflos ausgesetzt ist, auf den Tod hin drängend, weil so unaushaltbar, und zugleich ein Schrei nach Leben.

Gerungen wird um ein Leben, von dem es aber kein Bild gibt, denn der Schmerz des Sinn- und Selbstverlustes ist zu höllisch. Ein wahrer Teufelskreis, dieses Erleben der Verzweiflung. Und dennoch in der Trauer ein nicht ungewöhnliches, ein dem Erleben nach gewaltiges und zugleich vorstellbares Gefühl. Das bleibt bei aller Verwirrung von Gefühl und Gedanken aller Betroffenen und Beteiligten immer ein wieder zu betonendes Wissen. Wie bei allen Teufelskreisen: Heilung und Lebensbejahung wird gelingen, wenn dieser Kreis seine verführerische Immer-gleich-Drehung verliert.

Verzweiflung hat seine eigenen Gestalten – im verwirrten Geist, in Worten, im Schweigen, im Weinen, in Körperhaltungen, in der in sich verschobenen Leiblichkeit. Verzweiflung braucht von den Mitgehenden keine Verstärkung durch Appelle, denn sie ist wahrlich heftig genug. Verzweiflung verträgt keine Vertröstung, denn Vertröstung ist ebenso ein Schein wie das, was die Verzweiflung am Leben sehen lässt. Verzweiflung braucht den Raum, sprechen zu dürfen, zusammenhanglos, wiederholend, ordinär, kämpferisch, kindverlassen, schmerzzerrissen, schluchzend, trotzig, gotthassend. Oder in Erschütterung wortleer, wortvergessen.

Begleitendes in Verzweiflung

So grenzenlos die Gefühlsspanne sich darstellt, so sehr gibt es auch den Wunsch, dieses Uferlose wenigstens etwas einzugrenzen, den Kopf freier zu bekommen, eine »Leistung«, die den Betroffenen selten zur Verfügung steht. Da sind Begleitende, Mitaushaltende gefragt, die dem Grenzenlosen den Raum gestatten und zur gegebenen Zeit auch eingrenzen, den Verstand als Hilfe nutzen, gegenhalten wie eine Staumauer, die abwehrt, was nur und dauerhaft zerstörerisch sein will. In der Verzweiflung lebt auch der Keim, darin nicht hängen bleiben zu wollen. Verzweiflung ist wie ein Schrei aus dem Untergang, der ist, aber keiner bleiben sollte. Begleitende sind Menschen, die diesen Schrei für wahr nehmen, ihn ertragen (oft genug bis an die Grenzen des Aushaltbaren) und ihm dennoch etwas entgegenhalten, wenn es an der Zeit ist. Es ist schwer, diesen Punkt des Gegenhaltens genau festzulegen. Mitgehende ringen um das Gespür, wann ein Grenzziehen hilfreich sein könnte, wann verstehen helfende Erklärungen angezeigt sein können, wann bei-leidendes Mitgefühl tragen muss, wann es angezeigt ist, aus der zerstörerischen Eigendynamik des Zweifels aufzuschrecken.

Eine Mutter, Juristin, hatte bei einem Unfall ihren einzigen Sohn verloren. Das Leben war ihr zur Last des Lebenmüssens geworden. Es gab keinen Lichtblick, auch nach zwei Jahren nicht. Immer wieder die Entmutigung, dass dieses Kind nicht mehr lebt. Irgendwann ist sie fähig, von einem Urlaub zu erzählen, in dem sie dem Jungen am Meer stehend die Weite der Schöpfung erklärt hatte. »Da möchte ich noch einmal hin«, sagt sie, um im gleichen Augenblick die Verzweiflung sprechen zu lassen, dass das nie möglich sein werde. Als Zuhörender sage ich ihr, dass ich diesen ihren Wunsch gehört habe und ihn ihr vielleicht irgendwann noch einmal erzählen kann.

Wie an anderer Stelle schon beschrieben, kann im Mitgehen das anwaltschaftliche Bewahren hilfreich sein.

Zugegeben: Es ist schwer auszuhalten, der Verzweiflung Raum zu geben. Selbst Außenstehende bekommen Angst vor der Gewalt eines solchen Gefühls. Um so erahnbarer, was es für einen Trauernden bedeutet, Tag und Nacht mit diesem Gefühl leben zu müssen. Sich nicht mehr uneingeschränkt auf die Hilfe seines Verstandes und auch nicht mehr uneingeschränkt auf die übernatürliche Macht des Göttlichen verlassen zu können, ist eine Katastrophe. Es ist das Existierenmüssen in einer nicht mehr als existent erlebten Welt. Hilfreich ist es daher, auch für die Trauer Miterlebende, sich selbst zuzugestehen, dass es ein solches Empfinden gibt und dass es ein für den verzweifelten Menschen angemessenes Leiden ist. Es wiegt den Verlust nicht auf, es schmiegt sich dem Schmerz dieses Verlustes an und drängt ihn weiter in die Tiefe, weil alles, Leib, Geist und Seele, in Zweifel, in ein Niemandsland zwischen den Leben gekommen ist.

Manche werden spüren, wie gefährlich das ist, Verzweiflung in diesen Raum des Vertrauten wachsen zu lassen. Wo ist – wie so oft bei heftigen Trauergefühlen aus Angst gefragt – die Grenze zum Krankhaften? Wo kann Verzweiflung nicht ausgelebt werden, wo muss sie gegebenenfalls auch fachärztlich oder fachpsychotherapeutisch behandelt werden? Es gilt – vergleichbar dem Wunsch, nachzusterben –, ein sehr waches Herz und Auge auf den zu haben, der in Verzweiflung seine Trauer lebt. Diese Wachheit bedeutet abzugleichen, wo selbst Verzweiflung *in Bewegung* ist oder wo sie versteinert und abgekoppelt von der Ursache des Trauerfalls ein Grundlebenszweifel ist, die aus Anlass der Trauer ausbrechen konnte. Aber selbst wenn es angezeigt ist, fachliche Hilfe zu organisieren, so bedeutet das nicht, dass Verzweiflung als Gefühl und Ereignis ausgerottet werden muss. Der professionelle Beistand ist als Hilfe gedacht, die Aufgaben der Verzweiflung in ihrer Psychodynamik und als angemessenes Gefühl der Trauer zu erkennen, zu würdigen und im Durchleben lösen zu helfen.

Wie die Trauer überhaupt, ist die Verzweiflung ein ständiges Wiederholen. Gerade in diesem Wiederholen liegt auch die Chance der Bewegung. Die Bewegung erfolgt meist in kleinen Schritten, fällt zurück in abgründigere Muster, hebt sich wieder auf, um einen kleinen Dreh hin zum Leben zu versuchen, um dann wieder abzustürzen, sich zu verlieren und neu aufzustehen und wieder eine kleine Windung weiter aus dem Abgrund und wieder zurück und teils in noch verzweifeltere Bodenlosigkeiten, um einen mikrokleinen Schwenk zum Leben zu versuchen und und und …

Das Werden aus der Verzweiflung heraus

Der Weg der Verzweiflung als Ausdruck von Verlusterleben ist ein Prozess. Bei aller Notwendigkeit des Zulassens der Verzweiflung steht auch der Wunsch nach Lösung aus Verzweiflung da. Es scheint im Menschen eine biologische Urkraft zum Leben zu sein. Der Verzweifelte meint, sie verloren zu haben, ringt aber mit ihr. Der Wunsch, tot sein zu dürfen, um von diesem Gegenleben in der

Trauer erlöst zu werden, ist ebenso da wie das Klagen über das verlorene Leben, das doch eigentlich zusteht und leben wollte.

Es wird darum gehen müssen, auch diese ungestaltbar sich darstellende Sinnentleerung gestalterisch anzugehen. Da sind menschlich vertraute, mitaushaltende Beziehungen hilfreich. Der mitaushaltende Mensch ist einer der Wege, die Verzweiflung zu durchleben. Kein einfaches Einlassen in der aufreibenden Bewegung von Versuch und Irrtum, denn es ist nie gewiss, was wann das Richtige ist, um den abschnürenden Teufelskreis des grundsätzlichen Lebenszweifels zu durchbrechen.

Gottverloren

Es ist irrig anzunehmen, der über das ganze Leben hin geübte Glaube wäre sicherer Schutz gegen die Abgründe der Verzweiflung. Menschen haben durch tief einschneidende Trauererlebnisse ihren bisher so sicheren Glauben verloren; andere haben durch dieses Verlusterleben einen bisher nicht zur Verfügung stehend vermuteten Glauben gefunden und sich darin mit reichem Trost beschenkt erlebt. Das, was als Glaubenstrost gelten kann, ist grundsätzlich nicht machbar. Wichtig ist, im Ringen der Verzweiflung für diese geistliche Dimension offen und hellhörig zu sein. Auch hier können Begleitende – gerade solche, die sich in ihrem Glauben gesichert und getragen glauben – stark provoziert, herausgerufen, sein. Wo der Mensch an die Grundfesten seines Lebens sowohl im Glück wie in der Verzweiflung kommt, stellt sich die Gottesfrage. Sie stellt sich und hat keine für alle gültige und zu jeder Zeit annehmbare Wahrheit (vgl. auch den Abschnitt »Lebensfrage ist Gottesfrage«, S. 41 ff.).

Verzweiflung – ein großes Trauerereignis und großes Trauergefühl

Am heftigen Gefühl der Verzweiflung lässt sich ablesen, was an allen großen Gefühlen der Trauer zu erkennen ist. Weil sie sind, sind sie ohne jede moralische Bewertung anzuerkennen und mit ihnen zu handeln. Die Verzweiflung macht das Maß der eigenen Lebenszerstörung offensichtlich, die sich durch den Verlust eines Menschen ereignen kann. So schwer das auszuhalten ist – es gilt, dies zu würdigen und damit zu arbeiten. Es braucht ein sehr sensibles Gespür – und daher wohl auch hinreichend Erfahrung im Trauermiterleben –, die Verzweiflung zu begreifen und in ihr trotz aller vermuteten Erstarrung Bewegung zu erkennen, diese Bewegung wie ein treuer Partner und Anwalt für den Trauernden mitzubewahren. Das gilt vor allem dann, wenn es scheint, dass alle Vorwärtserfolge durch einen erneuten Absturz in Verzweiflungstiefen zunichte gemacht werden. Bewegung zeigt sich an, wenn der Schmerz nach verlorener Zukunft einhergeht mit zaghaftem Bedauern oder ungestümer Wut, um diese Zukunft gebracht worden zu sein. Bewegung ist auch da, wo man sich nicht nur in den Strudel des Gefühls geschleudert sieht, sondern auch aus einem gewissen Abstand zu sich selbst reflektiert, was geschieht. Bewegung ist auch da, wo die Verzweiflung – so irrsinnig das klingen mag – als Hilfe begriffen wird, der Abgründigkeit des Verlustes einen Ausdruck zu verleihen. Bewegung ist da, wo der Verzweifelte den Begleitenden oder Mitlebenden dankt, dass sie die Verzweiflung mitaushalten, selbst wenn sich gar nichts bewegt zu haben scheint. Bewegung ist auch da, wo das – wenn auch oft nur vorübergehende – Verstehen der psychologischen Vorgänge der Trauer etwas Luft schafft. Bewegung ist auch da, wo es ein Aufbegehren gibt gegen Gott und die Welt, die dem an Krebs gestorbenen Kleinkind die Zukunft auf dieser Erde genommen haben oder den Trauernden nach guten Partnerjahren aus dem Glück und Frieden gerissen haben, die alles vergällen, was früher als gemeinsam zu erlebendes Ziel vor Augen stand. Verzweiflung ist auch eine Form des Ringens, mit dieser Herausforderung der Wirklichkeit zurechtzukommen – in Resignation, in Depression, in Aggression, in Auferstehung und im prozesshaften Ringen darum, dass es Leben gibt, selbst wenn es ein lebenslang bitter gezeichnetes bleiben kann.

Schuld

Schuld ist menschlich

Gedanken um die Schuld gehören zu fast jedem Trauerweg. Sie können sehr unterschiedlich geprägt sein: Schuld als willentliche Tat am anderen; Schuld aus tatsächlichem Versäumnis; Schuldzuweisung durch andere; eigene Schuldvorwürfe; Schuld durch Rache und Unversöhnlichkeit und ein nicht genau beschreibbares, unfassliches Schuldgefühl.

Für viele Trauernde ist die Schuld eine quälende Begleiterscheinung, weil sie den Gang der Trauer zu hindern scheint.

»Ich könnte beruhigter richtig trauern, wenn sich da nicht immer die Schuld in den Vordergrund drängte«, sagt ein Trauernder, der nicht zur Ruhe kommt.

Schuld ist ein für den Menschen sehr sensibles Thema. Schuld geht an die Substanz, an den Selbstwert, an das Anerkennen von Grenzen, an die Liebefähigkeit des Lebens. Schuld regelt das Zusammenleben. Schuldzuschreibung wird eingesetzt, um Macht auszuüben. Schuld vergällt die Freude am Leben, wo sie immer wieder bezeugt, dass der Mensch nicht genügt. Schuld ist ein Hinderer, das Leben in seinen Möglichkeiten dankbar anzunehmen. Schuld ist aber auch eine sehr reale Größe, mit der Menschen rechnen müssen, weil sie Menschen sind. Schuld ist eine Wirklichkeit, dass wir dem Leben nicht gerecht werden – dem Leben anderer, dem eigenen Leben, der Gemeinschaft und – so wir Gottglaubende sind – der Verbindung zum Schöpfer. Die Schuld grundsätzlich leugnen zu wollen um eines vermeintlich unbeschwerten Lebens oder einer Autonomie willen, ginge an der Wirklichkeit des Menschen und der Welt vorbei. In allen menschlichen Möglichkeiten gibt es das Vergehen, das Schädigen, das Leben-Wegnehmen oder Wegsehen und die Untätigkeit. Schuld gibt es da, wo Menschenleben ist.

Es bleibt zu betonen, dass damit nicht die Erziehung zu Schuldempfindungen gemeint ist, die als Mittel der Machtausübung über andere eingesetzt wird. Dieser Missbrauch verdünnt die Ernsthaftigkeit der Schuld, unter der wir als Menschen leiden können – geistig, geistlich und körperlich.

Schuld auf dem Trauerweg

»Ich hatte freiwillig alles für sie, für ihre Pflege aufgegeben. Als mir aber dann mein Beruf und meine Hobbys fehlten, machte ich sie dafür verantwortlich. Sie hatte Krebs bekommen, sie ruinierte mein Leben, und durch sie hatten mich meine Kraft und Lebensfreude verlassen.

Ich durfte ihr gegenüber meinen Groll doch nicht offen und direkt äußern – sie war die Sterbende! –, also bahnte sich der Sarkasmus seinen Weg, indem er stach und stichelte. Ich ließ sie ein bisschen länger rufen als sonst, süßte ihren Tee einfach weniger, manchmal saß ich neben ihr, empfand Widerwillen beim Anblick ihrer Glatze und ekelte mich vor ihrem Geruch. In solch einem Klima konnte sie doch nicht heilen. Ich wusste, dass ich sie irgendwo noch liebte, aber ich mochte sie nicht mehr.«

Auch in der Trauer gibt es das Thema Schuld. Nicht selten peinigt dieses Empfinden, denn gegenüber dem Verstorbenen lässt es sich nicht einmal mehr aussprechen. Es ist, als gäbe es keine Möglichkeit einer Vergebung, eines Verzeihens. Wenn Trauernde sich damit quälen, gibt es Wohlmeinende, die das Schuldempfinden möglichst schnell ausreden wollen: »Du bist nicht schuld!«, »Schlag dir das endlich aus dem Kopf!«, »Wie oft soll ich dir noch sagen, dass du das Menschenmögliche für deinen Vater getan hast?«, »Warum quälst du dich, wo nichts ist?«, »Hör endlich auf damit, dir Vorwürfe zu machen!«, »Du gefällst dir wohl darin, dich schuldig zu fühlen!« Das sind nur einige der Vorhaltungen, die gemacht werden, wenn Trauernde – immer wieder – sich schuldig darstellen.

Diese Schuld hat unterschiedliche Anlässe: »Ich habe meinen sterbenden Vater nicht mit der nötigen Liebe begleitet. Ich konnte es nicht wegen unserer belasteten Beziehung; aber angesichts des nahenden

Todes hätte ich doch großzügiger sein müssen.« »Ich habe es nicht mehr ausgehalten, dieses Leiden; da habe ich meine Wut an meiner Mutter ausgelassen und sie geschlagen – und einen Tag später war sie tot. Sie hatte kein Wort mehr gesagt.« »Ich bin in dem Augenblick, als er starb, nicht im Zimmer gewesen; dabei hätte er mich gerade in seinem Sterben so gebraucht.« »Ich habe den Unfall durch meine Unachtsamkeit verschuldet und dadurch meine Frau getötet, die neben mir saß.« »Ich habe meinen Freund nicht wieder besucht, seit wir uns getrennt haben. Jetzt, da er tot ist, verschmerze ich diese Unversöhnlichkeit nicht. Ich war zu gekränkt, zu stur. Was gäbe ich, um diese Endgültigkeit des Todes aufzulösen. Er hat mir einen Brief hinterlassen, in dem er seine ungebrochene Zuneigung zu mir beschreibt und mir verzeiht, dass ich uns so kompromisslos getrennt habe.« »Ich habe alles für meine Freundin getan, aber ich glaube, es reichte niemals aus.« »Die Ärzte haben das alles auf die leichte Schulter genommen und den Ernst der Erkrankung übersehen.« »Hätte ich gewusst, dass er nicht wieder nach Hause käme, an einem so gewöhnlichen Arbeitstag, einfach von der Straße weggefegt in den Tod, ich wäre doch aufgestanden, hätte ihn verabschiedet. So habe ich ihm im Halbschlaf nachgeknurrt, er sei ein verwöhnter Junge, dass er immer von seiner Mami – ich meinte mich – auf dem Schulweg begleitet werden wollte.« »Ich kann ihn nicht gehen lassen, denn es steht eine Rechnung offen – Rache, die jetzt nicht mehr zu ihrem Recht kommt.« »Wenn wir den Fernsehfilm nicht angeschaut, sondern unser Baby im Arm gehalten hätten, dann hätte der Kindstod nicht zuschlagen können.« »Wenn ich nicht in der Schwangerschaft gedacht hätte, dieses Kind wird mir vielleicht zu viel, dann wäre es nicht tot geboren worden.« »Wenn ich dem Jugendlichen den Gang in die Disko strikter verboten hätte, wäre er bei dem nächtlichen Unfall nicht umgekommen.« »Wenn ich nicht am Bett der lange unheilbar siechenden Mutter gewünscht hätte, sie möge doch endlich sterben, dann könnte ich jetzt getrösteter trauern.« »Wenn ich für die sterbende Freundin doch die Pflegerin gerufen hätte, damit die Kranke zur Toilette begleitet würde. Nun habe ich ihr geholfen und sie unendlich beschämt.«

Es sind beklemmende Klagen, die Trauernde aussprechen. Das Gemeinsame ist die Not, diesen Zustand angesichts des endgültigen Todes nicht auflösen zu können. Die oder der, mit denen das zu klären und zu versöhnen wäre, stehen nicht mehr in der Weise zur Verfügung, wie wir sie leibhaftig gekannt haben.

Vom Sinn der Frage nach Schuld
Wie alle großen Gefühle der Trauer hat auch die Schuld ihren Sinn als Aufgabe, die Unfasslichkeit des Verlustes begreifen und annehmen zu lernen. Das klingt nüchtern, so als sei es letztlich zu vernachlässigen, weil das am Ende eines Trauerweges keine Rolle mehr spielen müsse. Unangemessen ist vielmehr, Schulderfahrungen der Trauernden herunterzureden. Ebenso ist es unangemessen, Schuldvorstellungen zu schüren. Wie im Umgang mit all den großen Empfindungen in der Trauer ist der rechte Weg gefragt, mit der Schuldbelastung umzugehen. Der Trauernde selbst macht oft nur wenig Unterschied in der Schwere der Schuld. Ihn plagt das Nicht-Wiederherstellbare, denn der Tod ist so überdimensional in seiner emotionalen Herausforderung, dass er keine Wiederherstellung in bisher menschenmöglicher Weise offen lässt. Es kann das klärende Gespräch mit dem Toten in der bisher gekannten Art, von Angesicht zu Angesicht, nicht mehr geben. Es kann auch kein Wort der Versöhnung und Vergebung vom Toten kommen, dass meine Ohren zu hören verstünden, wie der Tote zu seinen Lebzeiten mit mir redete.

Die Formulierungen hier sind bewusst offen, weil es zum Beispiel in der Arbeit der Psychodramatherapie auch Möglichkeiten gibt, mit dem Verstorbenen in Kontakt zu treten. Das geschieht nicht auf irgendeine übernatürliche, spiritistische Weise, sondern unter Zuhilfenahme des inneren Wissens, das jeder Mensch in sich trägt. Es gibt das innere Wissen um das, was der Verstorbene dachte, empfand und mir jetzt auch zu meinen Schuldvorwürfen sagen könnte. Im Psychodrama geschieht dies mit dem Mittel des »Rollentausches«: Der Trauernde wird – wenn es im Verlauf der Therapie verantwortbar und angezeigt ist – die Rolle des Verstorbenen einnehmen und aus dieser Rolle mit dem Trauernden sprechen, zum Beispiel auch über die Frage der Schuld oder der ausgebliebenen Versöhnung, der nicht leistbar scheinenden Vergebung, der »unbeglichenen Rechnungen«. Was der Trauernde dann in der Rolle des Verstorbenen sagt, gilt als sein inneres Wissen. Es kann sehr hilfreich sein, sich dieses innere Wissen – zum Beispiel auch über die Versöhnungsbereitschaft des Verstorbenen – heilend und beruhigend zu eigen zu machen.

Schuld, die ist

In den oben angeführten Beispielen gibt es einige, die nach gängigen Maßstäben Schuld verursacht haben – Schuld, die mit den Mitteln des Rechtes anzuschauen wären. Es gibt »objektiv« schuldhaftes Versagen, indem ich zum Beispiel Hilfe unterlassen, den Tod eines Menschen bewusst herbeigeführt, ich einen Unfall durch gesetzlich zu verfolgendes Fehlverhalten verursacht habe; es gibt die Schuld der Unversöhnlichkeit und des Betruges und vieles mehr, was Menschen einander antun.

In eine Trauerpraxis kam eine etwa 65-jährige Lehrerin, die mit dem Verlust ihrer etwas jüngeren Schwester nicht zurechtkam, die die letzte Zeit bei ihr gelebt hatte und nun seit zwei Jahren tot war. Am quälendsten war für sie die Tatsache, dass sie es ihrer Schwester nicht – wie versprochen – ermöglicht hatte, sie bis zu ihrem Tod zu Hause zu behalten, weil diese bei einer Atemdepression notfallmäßig ins Krankenhaus eingeliefert worden war. Alle Beschwichtigungen, auch die des gemeinsamen Hausarztes, sie sei daran völlig unschuldig, blieben ohne Wirkung. Selbst mehrmaliges Beichten konnte ihr – entgegen früherer positiver Erfahrungen mit diesem Sakrament – nicht die gewünschte Entlastung vermitteln. Auch eine einem Trauerbuch entnommene erprobte Meditation zur Selbstvergebung half ihr nicht weiter.

Über Wochen sprach sie bei ihren Besuchen fast nur darüber, dass sie »dies der armen Sophie« angetan habe. In einer Sitzung entschied ich mich, sie wörtlich zu nehmen und ihre Schuld zu sichern. »Das scheint Ihnen allerhand, was Sie ihr angetan haben. Es klingt, als ob dies etwas sehr Schlimmes war.«

Sie brach in Tränen aus und erzählte von ihrer heraufkommenden Erinnerung, der Schwester vor mehr als 45 Jahren den Verlobten ganz gezielt »ausgespannt« zu haben. Nachdem diese Beziehung dann auch in die Brüche gegangen war, hatten die zwei Schwestern nie mehr darüber gesprochen. Nach dem Tod holte ihr Schuldigwerden und -bleiben die Ältere wieder ein. Im Laufe ihrer Trauerarbeit konnte sie die Schuld ansehen und zu ihr stehen, ja sogar an manchen Mustern von Konkurrenzangst und Zukurzgekommensein gegenüber der Jüngeren, Hübscheren arbeiten. So konnte sie endlich Gnade für sich finden.

Wenn der Tod in solche unversöhnten Prozesse kommt, bleiben diese Schuldanteile und können die Zurückgebliebenen sehr peinigen. Es gibt keine Möglichkeit mehr, mit dem jetzt Verstorbenen ins Reine zu kommen. Das sind durchaus belastende Einflüsse auf einen heilsamen Weg der Trauer. Ganz besonders bedrückend ist, wenn die Ursache des Todes unmittelbar auf das schuldhafte Verhalten des Trauernden zurückzuführen ist. Es wäre nicht hilfreich, diesen Menschen die Schuld klein- oder auszureden, wenn sie sich selbst diesen Schuldvorwurf machen. Klein- oder ausreden meint aber auch nicht, diese Schuldvorstellungen zu schüren, so als gälte es aufzuheizen, was schon brennend genug ist. Wenn objektive Schuld vorliegt, dann wird es sinnvoll sein, sich der in aller Klarheit zu stellen und nachzuspüren, wie schmerzlich diese Schuld das Leben und den Abschied zeichnet. Es wird Formen geben, dieses Vergehen einzugestehen, sich damit anschauen zu lernen, es zu bereuen, gegebenenfalls Zeichen einer Umkehr zu setzen, die im Sinne des Toten anderen zugute kommen kann.

Es gibt für religiös geprägte Menschen manchmal die Möglichkeit, diese von Menschen nicht mehr zu regulierende Schuld Gott, dem Göttlichen anzuvertrauen und sich nicht mehr den Rest des Lebens – neben dem Schmerz des Verlustes – auch mit der Schuld plagen zu müssen. Es gibt in Therapien die Möglichkeit, sich der Versöhnung mit dem Verstorbenen zu vergewissern, soweit das menschenmöglich ist (vgl. auch Schnegg, 2014). Begleitende werden in diesen Fällen die Menschenwürde des Schuldiggewordenen stärken, indem sie bei ihm bleiben, den Schmerz des Schuldiggewordenen nach den eigenen Möglichkeiten mittragen.

Schuld, die objektiv keine ist

Als mindestens ebenso quälend kann die Schuld sich erweisen, von der Außenstehende sagen: »Das ist doch keine Schuld!« Sie ist deswegen so aufsässig, weil sie mit Argumenten nicht zu besänftigen ist. Da klagt eine Frau, sie habe ihren Mann nicht genügend gepflegt, weswegen er früher gestorben sei. Da stöhnt ein Freund unter der Last des Schmerzes, den Freund, der sich dann das Leben nahm, gerade an diesem Abend sich selbst überlassen zu haben.

Tragisch sind diese Berichte. Tragisch, weil sie so ohnmächtig der eigenen Schuldzuschreibung ausgeliefert sind. Es nützt nichts, diese Schuldbekenntnisse zu überhören, sie klein zu reden, sie ausreden zu wollen. Die Überzeugungskraft der Argumente, warum da keine – rechtlich greifbare – Schuld vorliegt, erlahmt. Meist halten Menschen im Umkreis eines so Trauernden das eine Weile aus, bis Aggression sie zur Gegenwehr bringt. Eine solche immer wieder aufgebrachte Schuldbeschreibung nervt. Es gibt nichts mehr zu sagen. Argumente, wenn überhaupt welche zur Verfügung stehen, sind vorgetragen. Sich hier aus dem begleitenden Mitgehen zu verabschieden bedeutet, die Schuldselbstbezichtigungen zu fördern oder – wenn das Reden darüber verboten wird – den aufzehrenden Gram der Selbstbezichtigung in den noch unheilsamer wirkenden Untergrund zu ziehen.

Schuld hat eine Aufgabe in der Trauer

Am Verharren in einer Haltung, die vermeintlich keinen objektiv schuldhaften Hintergrund hat, kann sich zeigen, dass es um mehr und um anderes geht als die Schuld. Wir müssen uns von dem Gedanken verabschieden, dass es bei der Schuldthematik nur darum geht, objektive Schuld von subjektiver Schuld zu trennen, zu sortieren zwischen Schuld, die eine ist (auch jenseits des rechtlich Belangbaren), und Schuld, die keine ist, weil es da nicht einmal moralische Vorhaltungen geben kann.

Die Schuld kann eine Ausdrucksform des Lebens mit der Trauer sein. Schuld hat etwas mit Verursachung zu tun, sei es, dass ich etwas tue oder etwas unterlasse. Wenn Trauernde immer wieder in der Schuld graben, dann mischt sich dahinein nicht selten das Bekenntnis, dass dieser Verlust so unendlich und bodenlos und unfasslich ist. Wie soll jemand diese Dimension des Unfasslichen aushalten? Wie soll jemand in aller Ohnmacht hinnehmen müssen, was mit dem Tod endete? Wie soll es möglich sein, sich in ein Schicksal zu fügen, das so unendlich grausam Menschen voneinander trennt? Wie soll ein Heimweh nach dem Toten überlebbar sein, wenn es keinen ursächlichen Sinn hat, was passiert ist?

So hat die Frage nach der Schuld eine andere Funktion erhalten. Es geht weniger um das Herausfinden der rechtlich belangbaren Schuld, auch nicht um ein moralisches Vergehen jenseits der Gerichtsbarkeit. Es geht um das teils flehentliche Suchen nach einer Ursache. Schuld ist Ursache für manches Übel. So bitter es scheint: Wenn ein Trauernder »Schuld« hat am Tod, dann erfährt er zumindest eine beschreibbare Ursache für das, was so unfasslich ist: die Endgültigkeit des Todes. Was dann folgt, ist die Unterstützung der Selbstabwertung, die sowieso als Anteil der Trauer eigen ist. »Wenn ich (mit) schuld am Tod dieses geliebten Menschen bin, dann begreife ich wenigstens etwas von der Ursache und damit etwas vom Tod. Weil ich so schlecht bin, ist es gerade angemessen, dass ich so abgründig leiden muss. Ich bin ein Nichts angesichts des unfasslichen Todes des geliebten Menschen.« So könnte die Abrechnung eines Trauernden mit sich sein, eine Abrechnung, in der die Schuld »nur« Transportmittel der Unaushaltbarkeit der Wucht des unwiederbringlichen Todes ist.

Wie damit leben, wenn die Schuld zu meiner Trauer gehört?
Diese Einschätzung von Schuldzusammenhängen in der Trauer vereinfacht es nicht, sich in der Trauer zu begreifen. Weil diese Zusammenhänge sich den verstandesmäßigen Argumenten entziehen, ist es schwer, aus diesem Kreis der eigenen Selbstabwertung durch Schuldzuschreibung herauszufinden. Der Umgang mit dieser Art Schuld ist – wie alles des Trauererlebens – bestenfalls ein Prozess. Was von außen objektiv so sinnlos scheinen mag, für den Trauernden hat es erst einmal Sinn. Daher ist jede Art der Benennung von Schuld sorgfältig anzuhören, nicht klein zu reden. Normalerweise kommt das dahinterliegende Phänomen der Unbegreiflichkeit des endgültigen Todes zur Sprache. Wenn begleitende Mitgehende da sind, hilft es, diesen Zusammenhang, wenn auch unaufdringlich, bewusst zu machen. Das lässt die Schuldfrage in der Regel nicht verstummen, aber es ist benannt, dass es (auch) um anderes geht als nur um die zermürbende Frage der eigenen Schuld. Die Begleitenden werden anwaltschaftlich bewahren, was dem Trauernden aus seiner Not nicht im Blick bleiben kann. Die Not heißt: Unüberwindlichkeit des Todes, Ohnmacht des Hinnehmenmüssens, manchmal ohne eine Ursache zu wissen, die den so endgültigen Tod rechtfertigte, ohne einen Sinn zu erkennen zu geben.

Oft drohen Schuldbezichtigungen sich zu verselbstständigen. Der Kontakt zur dahinterliegenden Aufgabe auf dem Trauerweg geht verloren. Im Mitgehen wird es weiterhin wichtig sein, dieses Thematisieren zuzulassen, aber es irgendwann auch stehen zu lassen, was nicht dasselbe ist wie überhören. Stehen lassen bedeutet: Ich habe dieses Thema wahrgenommen, ich nehme es ernst als eine Qual, aber ich drehe nicht an der Schraube der Selbstbezichtigung. Wenn es sich anbietet, verstärke ich den dahinterliegenden Aspekt: »Der Tod ist nach wie vor – oder gar mit jedem Tag stärker – so unfasslich. Da muss es doch irgendeine Ursache geben, und wenn es meine eigene Schuld am Geschehen ist.« Erweiternd wirkt – so es angemessen ist –, diesen Schmerz des Unerfasslichen zu artikulieren. Der Tod mutet zu, ihn anzunehmen, ermöglicht keinen wirkmächtigen

Widerspruch, erzwingt die Kapitulation. Der Tod siegt. Selbst die Schuldbezichtigung kann das nicht auflösen. Und unendlich kann der Schmerz bedrängen, der diese Kapitulation gebären soll. Wir ahnen, welche große Anstrengung die Annahme des Todes bedeutet und wie achtenswert jedes Mittel ist, mit dem der Trauernde ihn zu verstehen versucht. Jedes Mittel? Es sind die Mittel, die er – auch unbewusst – wählt, die unter der Begleitung vielleicht anders gewichtet werden können, um eine dem eigenen Leben gewogenere Art der Annahme zu ermöglichen.

Schuldselbstbezichtigungen sind Begleiter der Trauer. Sie haben ihren Sinn und haben es als solche verdient, wahrgenommen zu werden. In dieser Wahrnehmung geschieht eine Würdigung des Trauernden, mag er hier objektiv noch so falsch liegen. Wesentlich ist zu beachten, dass es nicht zur Zementierung dieser Schuldbezichtigung führt, sondern zur auch emotionalen Erkenntnis, welche Aufgabe diese Art Schuldgedanken im Prozess der Trauer übernimmt. Hilfreich, wenn die Schuldgedanken nicht mehr nötig sind, weil der Trauernde diese Art der Ursachenforschung und der Selbstabwertung nicht mehr braucht. Dann wird irgendwann auch der Raum sein, sich der Liebe wieder zu vergewissern, die sehr oft hinter diesen Bezichtigungen der eigenen Schuld wartet. Es ist jene Liebe, die die Ursache des Heimwehs und der Unfasslichkeit des unüberbrückbaren Todes ist.

Die Schuldbezichtigung ist eine lebenfressende Kraft, die ganz in die Unlust am Leben passt, wenn die Trauer die Trennung verkraften muss. Diese Selbstbezichtigungen verlieren an Bedeutung und Stärke, wenn es gelingt, sich dem Leben wieder zuzuwenden. Und dieses Gelingen ist meist keine Frage der machbaren Leistung, sondern ein Geschehenlassen irgendwann auf dem Weg der Trauer.

Zuschreibungen an andere

Die Selbstvorwürfe sind in der normalen Trauer häufiger anzutreffen als die Schuldzuweisungen an andere – an Pflegende, an Ärzte, an Seelsorgende, an Familienmitglieder, an Freunde. Auch hier wird man »objektive« Unterlassungen feststellen können, manchmal auch rechtlich und/oder moralisch vorwerfbar. Wo solches angemessen ist, soll das auch angegangen werden. Dennoch ist auch hier die sorgsam-kritische Prüfung angezeigt, denn nicht selten haben auch diese Schuldzuweisungen etwas von der Aufgabe, der Unfasslichkeit des Todes eine Ursache zu geben. Vermeintlich könnte das für die Betroffenen einen ablenkenden Verlauf der Trauer in Aussicht stellen. Dann gibt es einen »Feind«, den man bekämpft. Der heißt dann Arzt oder Freund oder geschiedener Mann oder liebloser Seelsorger oder nachtragende Tochter oder sowieso nie in die Familie passender Schwiegersohn oder erbschleicherischer Bruder – oder wie auch immer. Dahinter verbirgt sich nicht selten jene tief verwundende Unwiederbringlichkeit, die der Tod setzt, einflussentziehend, kraft seiner unerreichbaren Unbestechlichkeit.

Mit in diese Aufgabe via Schuldzuweisung mischen sich gern die Anteile des persönlichen Versagens, die jetzt, angesichts des Todes, nicht mehr aufzuheben sind: Kinder, die sich nicht gebührend um ihre sterbende Mutter kümmerten (egal, ob es durch die Umstände anders hätte gehen können), verfallen in streitsüchtige Anklage gegen die Geschwister, die liebevoll die Pflege getätigt haben. Dann geht es um verschwundenes Geld, um unterschlagenes Besteck, um andere Dinge, die angesichts des Todes und der Nichtwiederholbarkeit der Zuwendung eigentlich keinerlei Bedeutung haben sollten. Sie werden zu Punkten der Anklage (oft genug entbehren sie der Sachlichkeit), weil auch hier die Radikalität der Grenzsetzung durch den Tod nicht mehr aufzuheben ist. Schuldzuweisung wird zum Träger der unterlassenen Aufgaben zu Lebzeiten.

Objektivierende Distanz und das achtsame Hören auf das, was hinter dieser Schuldzuweisung als Aufgabe der Trauer steht, können hilfreich sein. Sie wird die einen davor bewahren, selbst auch noch auf einen Ab-Weg des Trauerweges zu driften; sie wird die Schuldzuweisenden an die Grenzen ihrer Machtnahme stellen und die Konfrontation mit dem, was hinter der Schuldzuweisung liegt, zumindest ermöglichen. Trauernde, die sich ganz darauf versteift haben, ihre Lebensenergie über die Schuldgabe an andere zu verwenden, sind selten schnell einsichtig. Sie sind daher auch schwer ansprechbar auf das, was dieser Umweg der Schuldzuweisung bewirkt. Auch hier ist Distanz hilfreich, die Anklage wohl zu hören (denn sie ist ja da, egal, ob berechtigt oder nicht), das dahinterstehende Motiv, so es angedeutet oder erwähnt wird, zu verstärken (»Es ist so unfasslich, dass Mutter nicht mehr lebt!«). Nicht weiter führt, das Rad der Anschuldigungen zusätzlich in Gang zu bringen, indem Zusprüche kommen wie diese: »Das hätte ich Ihrem Bruder niemals zugetraut, wo er sich doch so liebevoll um die Mutter gekümmert hat.«

Die Frage nach der Schuld begleitet viele Trauerwege. Sie hat, wie alle großen Gefühle in der Trauer, ihre Aufgabe. Wenn diese Aufgabe zur angemessenen Lösung geortet wird, verliert auch die Schuld ihre lebenshindernde Macht. Sie hat Zeiten in der Trauer, da scheint sie unverzichtbar, um das Unfassliche mit irgendeiner möglichen Ursache in Verbindung bringen zu wollen. Der durch Verlust geschlagene Mensch neigt dazu, sein gesamtes Leben abzuwerten, bis hin zur Verzweiflung, dem Grundzweifel an allem, was sein Leben ist (vgl. auch den Abschnitt »Verzweiflung«, S. 67 ff.).

Wo Schuld mehr ist als der Träger der Unfasslichkeit des Todes, da gebührt ihr die angemessene Versöhnung. Versöhnung durch Menschen, die einen Trauernden in seiner Schuld nicht verachten, sondern liebevoll mitaushalten. Der Schmerz einer Schuld, die durch den Tod keine Versöhnung mehr mit dem Betroffenen erreichen kann, ist sehr gründlich. Es ist ein Werk der Barmherzigkeit, dem Trauernden darin im Mit-Leiden, im Bei-Stand Hilfe zu sein. Mitleiden drückt das Verstehen aus, dass es einen Menschen in die Wurzel seines Lebens erschüttern kann, gegen einen anderen schuldig geworden zu sein, vor allem dann, wenn es dessen Tod herbeiführte. Bei-Stand besagt, dass der Begleitende nicht wegläuft vor dem, was in den Augen der Menschen vielleicht tragisch, fahrlässig, schuldhaft, schändlich, unmenschlich, verabscheuenswert erscheint. Versöhnung ist für Gottgläubende auch da, wo sie in ihrem Wissen, diese Schuld nicht mehr selbst mit dem Verstorbenen heilen zu können, sie dem Göttlichen, Gott anvertrauen. Die Menschenmöglichkeiten übersteigende Liebe Gottes wird heilen, was Menschen verwundet zurücklassen mussten.

Wo keine gesetzliche oder moralische Schuld vorherrscht, werden Trauernde lange geneigt sein, sich dennoch als in diesem Sinne schuldig zu bezeichnen. Die Schuld hat ihre Aufgabe – das sollen Zugehörige wissen und dieser Auseinandersetzung, ob es »richtige« oder »nicht angemessene« Schuld ist, nicht zuviel Raum geben. Es geht um die Aufgabe, die dahinter steht. Die Zugehörigen werden auch hier »anwaltschaftlich« tätig, denn sie bewahren die Notwendigkeit der Aufgabe, die sich hinter der Selbstbezichtigung des Trauernden verbirgt. Anwaltschaftlich ist hier das Wissen und die Solidarität, dass der Tod in seiner Unwiederbringlichkeit das menschlich Fassbare übersteigt und nach Sinn, nach Erklärung, nach Ursachen schreit, selbst wenn es darauf keine befriedigenden Antworten geben kann und wird.

Vergebung

Versöhnung ist die eine Seite der Schuldbewältigung, Vergebung eine weitere. Der Tod lässt auch Menschen getrennt voneinander, die sich nicht das Wort, die Geste der Vergebung geben konnten. Auch das kann Qual werden, wenn Menschen sich wünschten, den sterbenden Schuldigen aus der Last seiner von ihm erkannten Schuld zu befreien. Wunden der Schuld können so tief sein, dass Menschen es nicht fertig bringen, jemandem dies zu vergeben. Sie lernen, anständig miteinander umzugehen, aber die Vergebung schaffen sie nicht. Vergebung fordert von einem Menschen unendlich viel, je nachdem, wie groß die Wunde der Schuld, der Herabsetzung, der Entwürdigung, der Gewalt, des Liebesentzuges, des körperlichen und/oder seelischen Missbrauches war. Es übersteigt manchmal die seelische Kraft, solche vielleicht das ganze Leben grundsätzlich hindernde Erfahrungen vergeben zu können. Menschen haben versucht, sich diese Vergebungsfähigkeit einzureden, haben sich unter den moralisch-religiösen Druck gesetzt, endlich vergeben zu *müssen* – und haben es in der

Tiefe ihres Wesens nicht leisten können. Vergebung ist auch etwas, was man nicht macht, sondern etwas, was irgendwann geschieht. Menschen können oft nicht anders, als diese innere Bereitschaft der Vergebungsfähigkeit zu suchen, zu lernen, zu erbeten. Es wird immer ein Ereignis bleiben, das nicht nur willentlich zu steuern ist.

In der Trauer kommt der Schmerz zum Tragen, wenn Hinterbliebene Zeit ihres Lebens sich um tiefe innere Vergebung bemüht haben und nicht mehr als die anständige Lösung eines normalen Umgangs miteinander hinbekommen haben. Der Tod dessen, der schuldig geworden ist, tut in dieser Weise besonders weh, nicht weil es um Rache geht, sondern weil die Vergebung sich entzogen hat. Auch hier gibt es für den Gottgläubenden die Hoffnung, dass Gott auffüllt, was der Mensch nicht leisten konnte. Und für den Mitlebenden die Stärke, die vergebungsunfähige Wunde anzuerkennen und neue, nicht verwundende Erfahrungen zu ermöglichen, die irgendwann auch das Geschehen der Versöhnung fördern, auch Toten gegenüber.

Das dunkle Gefühl der Rache

Es ist nicht zu verschweigen, dass es auch das Gefühl der Rache gibt, die im Tod des anderen sich nicht mehr erlösen lassen kann. Ein düsteres Gefühl, das den Grad der Verwundung erahnen lässt. Die Rache, die in den Raum der Trauer getragen ist, wird die Trauer hindern, solange sie weiter und weiter Genugtuung verlangt, die es nicht mehr geben kann, weil der/die Verursachende tot ist. Der Tod verlangt die Anerkennung von Grenzen, eine Kapitulation vor dem Begehren, das Leben des anderen – sei es für die eigene Liebe oder die eigene Rache – weiter haben zu müssen. Es sind ungeheure Gefühle, die im Menschen sind. Der Tod begrenzt sie und fordert zum Anerkennen, dass selbst berechtigte offene Rechnungen einen Schlussstrich haben. Auch dies ist eine Anforderung, die Menschen überfordern kann. Und dennoch besteht diese Grenze.

Solche Rachegelüste sind oft nur schwer zu kanalisieren. Hilfreich ist, wenn es über die Zeit gelingt, die Wunden verstehen zu lernen, die das Gefühl der Rache hervorgerufen haben. Diese Wunden können mehr Zuwendung vertragen als die der Rache, wenn sie denn benannt und als bestehendes Empfinden anerkannt sind. Manchen hilft es auch, daran zu glauben, dass es eine göttliche Gerechtigkeit gibt, die unsere Ohnmacht, unsere Rache tilgt. Dabei ist es irgendwann nicht einmal mehr entscheidend, das Maß der Vergeltung, die das Göttliche sich ausdenken könnte, zu kennen.

Lebensgeschichte und Trauerwegsgeschichte

Schuldbezichtigung, Schuldzuweisung, Versöhnung, Vergebung, Rache – sie alle verbinden Lebensgeschichte und Trauerwegsgeschichte. Sie alle haben Aufgaben, die sich aus dem Leben, aus dem Sterben, aus der Unfasslichkeit des Totseins ergeben. Diese Aufgaben zu würdigen, ihnen Raum zuzugestehen, ihnen das Raumgreifende aber nicht zu geben, ist vornehme Aufgabe der Selbstwahrnehmung der Trauernden und der begleitende Mitgehenden. Der Tod sagt, dass es Grenzen des Menschenmachbaren gibt. Das anzunehmen, ist nicht nur eine Aufgabe der Trauernden, sondern aller, die leben.

Schuld als Verbindung zum Verlorenen

In den Einzelgesprächen mit Trauernden zum Thema Schuldgefühle wird es immer wieder als erstaunlich – und im Nachhinein als verständlich und Sinn gebend – erlebt, dass mit Ärger auf diejenigen geschimpft wird, die die Schuld nicht ernst nahmen oder sie ihnen nehmen wollten.

»Ich möchte mir meine Schuld nicht nehmen lassen, ich möchte sie behalten«, erklärte eine junge Mutter auf die besänftigenden Worte zu ihrer Schilderung des Unfallhergangs und ihrer Nachlässigkeit. Später wurde deutlich, dass die Schuldgefühle eine starke Bindung an den kleinen Sohn bedeuteten und dass sie Sorge haben musste, dass, wenn diese nicht mehr da waren, auch die Bindung an das Kind nachlassen würde.

»Er ist nicht mehr da, ich kann ihm meine Liebe nicht mehr zeigen, aber ich habe noch meine Schuld ihm gegenüber«, könnte die Übersetzung der dahinterliegenden Not heißen. Es kann für einen Trauer tragenden Menschen hilfreich sein sich einzugestehen, dass Liebe für einen Toten nicht verkehrt, verrückt ist. Dazu brauchte sie nicht zwingend eine Schuld als Trägerenergie. Es wird darum gehen, andere tragende Verbindungen zum Toten zu finden, die die Schuldverbindung ersetzen können.

Wenn Schuldbewusstsein eine Möglichkeit der Verbindung zum verlorenen Menschen ist und wenn Schuldbewusstsein eine Möglichkeit darstellt, den Verlust erklären zu können, dann wird deutlich, dass jedes schnelle Wegmachenwollen des hier beschriebenen Schuldempfindens keine Hilfe sein kann. Gut, wenn das Dahinterliegende befreiend erreicht werden kann.

Kinder und Schuldgefühle

An dieser Stelle sei noch ein Hinweis zum Umgang mit kindlichen Schuldgefühlen angefügt. Kinder *denken* bei traumatischen Verlusten und deren Ursache viel stärker einen persönlichen Anteil als Erwachsene. Hier ist es wichtig und erleichternd, die Ursachen von Krankheit oder Trennung sehr genau zu erklären. Woran die Oma nun genau gestorben ist und dass es kein Mittel der Heilung gab; warum die beiden Erwachsenen nicht mehr miteinander zurechtkamen und es nur in der Verantwortung von ihnen beiden selbst lag. Kinder müssen hier keinesfalls geschont werden, sondern benötigen klares Darübersprechen, die Hintergründe des Geschehens und (er)klärende Ansicht. Gehen die nahen Menschen verbergend und vermeintlich schonend mit Abläufen von Krankheit, Tod und Verlust um, können Kinder in der Folge sehr diffuse Ängste und Schuldgefühle entwickeln (»Nun ist die Großmutter tot, weil ich nicht mehr auf Zehenspitzen durchs Haus laufen wollte.« »Nun ist mein Schwesterchen gestorben, weil ich sie wegen der Bevorzugung durch meine Eltern hasste und ihr den Tod wünschte.« »Nun haben sich die Eltern getrennt, weil ich …«)

Die Kraft der Wut

Es sind nicht nur zahme oder gebrochene Gefühle, die den Trauerweg säumen. Im Leben der Trauer liegen auf der Seele Schatten wie Wut und Ohnmacht. Bei allem Schmerz des Verlustes klagt der Trauernde auch gerade den Verlorenen an: Warum hast du mich verlassen? Warum hänge ich mit all unseren Sorgen allein hier – mit dem Haus, mit den noch nicht erwachsenen Kindern, mit der ungeklärten Situation? Warum hast du dich aus dem Staub gemacht und mir jede Möglichkeit genommen, mit dir klärend, konfrontierend reden zu können? Warum machst du mir einen Strich durch meine blühenden Zukunftswünsche? Warum lässt du mich mit den zerstrittenen Kindern allein, denen ich – wie du genau weißt – nicht gewachsen bin? Warum lässt du mich ohne gesicherte Versorgung auf der Welt zurück? Warum muss ich allein fertig werden mit der Einsamkeit, mit der Isolation, mit meiner Verunsicherung, meiner Leidgeplagtheit, meinen Schuldgefühlen? Ich hasse dich, weil du mir zu Lebzeiten das Leben schwer gemacht, mich nicht anerkannt hast, mich nach deinem Bilde schaffen wolltest. Ich kann dir so schwer verzeihen, dass es dir gefallen hat, auf meinen Schwächen herumzutreten. Ich habe so viel Energie verwenden müssen, die Kinder vor deinem Jähzorn und deiner Ungerechtigkeit zu schützen. Ich habe unter deiner pedantischen Kleinkrämerei gelitten. Es hat mir sehr wehgetan, wenn du Gefühle nicht mit mir teilen wolltest, wenn du meine Nähe ablehntest, mich wie eine Hilfskraft behandeltest. Ich habe viele Zumutungen deines Stolzes ertragen müssen. Warum warst du so unachtsam, dass du uns zumutest, mit deinem jugendlichen Unfalltod weiterleben zu müssen?

Das sind keine lieben, zahmen Trauergefühle, das sind teils Worte voller Zorn und ohnmächtiger Hilflosigkeit, denn der Verlorene gibt dazu keine Antwort mehr. Das kann leicht den Zorn weiter aufstacheln, häufig auch Schuldgefühle verstärken und drängender machen und so hilflos in die Verlassenheit zurückzwängen.

Trauernde wollen diese Schatten ihrer Trauer nicht, weil sie wie Liebesbezweiflung und wie Schläge, wie eine noch größere Entfernung auf die Toten wirken. Das wirft tiefer in die Dunkelheit unverstehbarer und unkontrollierbarer Traurigkeit zurück. Die gängige Moral macht ihren Machtanspruch geltend und lässt den Trauernden gedemütigt und verletzt zurück. Der Trauernde erkennt nicht, dass diese Moral ein Trugbild ist. Daher auch hier die nötige Erdung, die Einordnung in das, was im normalen Trauerverlauf geschieht: Es ist im Chaos der Trauer eine ganz normale, sogar heilsame Regung, auch diesen Schatten Raum zuzugestehen. Es ist nicht richtig, dass man über Tote nie etwas Böses sagen darf. Wenn in ihnen Böses steckte, dann muss es benannt sein dürfen. Wenn das Böse das Leben der Zurückgebliebenen quälte, muss auch das eine Sprache finden dürfen. Wenn beim Trauernden die Verlassenheit in der Wut auf den Verlorenen Ausdruck finden muss, dann ist das echt und darum angemessen. Im Gesamten gesehen sind diese Ausbrüche kein Beschmutzen der Verbindung mit dem Toten, sondern ein realer, ein aushaltender, ein überaus vertrauender Blick auf und mit ihm.

Viele haben zu Lebzeiten in ihren Beziehungen nicht gelernt, mit diesen Schattenkräften des Lebens umzugehen. Gelungene, liebende Beziehungen kennen diese »Zwischentöne« auch. Es ist gut, wenn man lernen durfte, sie nicht als grundlegende Bedrohung des Ganzen zu fürchten, wenn sie denn einmal reinigend ausgesprochen sind. Die Unterdrückung, ja sogar die moralische Abwertung solcher Empfindungen staut eine Aggression gegen sich selbst oder andere auf, die irgendwann, auch im Trauerzusammenhang oder viel später an einer Stelle, wo niemand mehr an die Trauer als Auslöser denkt, explodiert. Depressionen können sich ebenso lähmend auf solche weggedrückten brodelnden Seelenkessel legen wie psychosomatische Krankheiten des Körpers.

Es ist im Trauerprozess uneingeschränkt heilsam, diese Gefühle anzunehmen, sie auszusprechen, mit ihnen zu arbeiten, um die Verbindung zu dem Toten auf ein gesundes, realistisches Fundament zu stellen. Das trägt auch zur Gesundung des eigenen Lebens bei. Es gibt Zusammenhänge, da fällt es unsäglich schwer, der Wut und Aggression Raum zu geben, weil man gelernt hat zu unterdrücken. Hier kann es segensreich sein, sich fachlicher Hilfe bei Psychotherapeuten und Seelsorgenden zu bedienen.

Die Macht der Ohnmacht

Neben der aufschäumenden Wut gibt es die Ohnmacht, eine Erfahrung, die das Trauern so schwergängig machen kann, selbst dann, wenn der Trauernde mit viel Mut und gutem Willen das Beste machen möchte. Die Ohnmachtserfahrung ist oft eng verbunden mit der Wut. Enttäuschungen verbinden sie gern miteinander. Die Beschreibung der Isolation hat auch bezeugt, mit wie viel Hilf- und Machtlosigkeit der Trauernde umgehen muss: Ich komme nicht allein zurecht, nicht in den einfachsten lebenspraktischen Dingen, nicht mit der Macht meiner Trauer, die sich über mein ganzes Lebensgefühl ausbreitet. Warum hilft mir keiner – kaum einer? Warum muss ich um jede Hilfe betteln? Warum sprechen Leute so schnell von sich, wenn ich meine Trauer erwähne? Warum werde ich mit meinen Bedürfnissen und Regungen nicht angesprochen oder unterschwellig als unangenehm, als unangemessen, als störend, als behindernd wahrgenommen?

Vielfältig sind die Erfahrungen der Ohnmacht, weil die Begegnung mit dem Tod, mit dem Verlust, eine letzte Grenze markiert, die wirklich keine Macht der Erde bezwingen kann: ohne Macht – ein drängendes, unsprengbares Gefühl, dem es gilt, Ausdrucksformen zu geben in Sprache, in Musik, in Malerei – in jeder dem Einzelnen angemessenen Form. Ohnmacht ist nicht wegzudiskutieren, auch von den Mitmenschen im Umfeld nicht. Ohnmacht schwindet mit dem Grad, mit dem die Trauer zu einem Weg, einem Werde-Gang gestaltet werden kann – da nämlich, wo der Trauernde mit der Kraft und Macht seiner neu sich formenden Seele und seiner Lebensmöglichkeiten wieder anders, neu zu gestalten wagt.

Die Mitspieler Neid und Eifersucht

Aus dem Mund der Frau züngelt eine Schlange. Die Schlange streckt ihren Kopf zurück und spritzt ihr Gift in die Augen der Frau. »Invidia« heißt das Fresko von Giotto, entstanden um 1305 in Padua. Zu Deutsch: Neid. Neid, sagt das Bild, das auch mehr als 700 Jahre nach seiner Entstehung noch eine ungeheure Wucht entfaltet, macht uns blind und frisst uns auf. Der Neidische ist »scheelsüchtig«, er sieht die Welt nur durch das Auge des Mangels und führt ein Leben im Konjunktiv. Wie glücklich könnte ich sein, wenn ich hätte, was ich nicht habe! Dieses und andere Bilder führen dazu, dass Neid zu den sogenannten schlechten Gefühlen gehört, die sich Menschen verkneifen oder untersagen wollen.

Eine Altenpflegerin, die ihren Beruf ursprünglich sehr liebte und sich mit Wärme und Zuneigung um die ihr anvertrauten alten Bewohner kümmerte, war ganz entsetzt über sich: »So kenne ich mich gar nicht. Seit mein Mann vor einem halben Jahr starb, habe ich ganz merkwürdige Gefühle in mir. Ich sehe die Alten an und werde ganz missgünstig. Sie leben immer weiter munter vor sich hin, haben Spaß am Essen und gehen im Park spazieren. Eigentlich ist ihre Zeit doch abgelaufen. Und mein Mann, der wollte unbedingt noch leben und durfte nicht. Manchmal bin ich richtig neidisch, dass die hier etwas haben, was ich nicht haben darf. Ich gönne ihnen ihr Leben nicht. Das darf doch nicht sein, es vergällt mir richtig meine Arbeit.«

So ungern wir uns das gerade in so sehr persönlich betreffenden Gefühlslagen wie der Trauer zugestehen mögen – man denkt vielleicht, dass da eigentlich nur »edle« Gefühle angemessen seien: Auch Neid und Eifersucht sind die Trauer anfallende Empfindungen.

Was steckt hinter diesem so unbeliebten und vielen auch peinlichen Gefühl? »Ich sehe das von mir begehrte Gut im Besitz eines anderen und muss mit der Tatsache fertig werden, dass ich dieses Gut nicht bekommen kann.« Wenn es so einfach wäre, Neid und

Eifersucht zu bändigen! Beide brauen sich aus vielfältigen Emotionen zusammen. Da spielen Ärger, Wut, Enttäuschung ebenso mit hinein wie tiefgründige Verlassenheitstrauer. Manchmal ist das Gerechtigkeitsempfinden fundamental gekränkt, weil wir die Zusammenhänge nicht begreifen, weil wir nur das sehen, was uns so schmerzlich fehlt, was andere in einer beneidenswerten Selbstverständlichkeit zur Verfügung haben.

Manchmal geht so eine Neid- und Eifersuchtsattacke glimpflich vonstatten, manchmal schlägt sie zügellos zu. Dann kann sie richtig zerstörerisches Unheil in die Welt bringen.

Auch bei Neid und Eifersucht gilt – so unangenehm das unserem am liebsten souveränen Selbstbild sein mag: Dadurch, dass sie da sind, sind sie wahrzunehmen. Je mehr das Bewusstsein merkt, aus welcher Quelle sich mein Zorn, meine Vorhaltungen, meine Wut, mein Ärger gegen andere nährt, umso leichter wird es fallen, in sich selbst Neid und Eifersucht verstehen zu lernen. Diese Empfindungen müssen nicht liebgewonnen werden; sie haben aber verdient, dass wir ihre Botschaft begreifen lernen. Oft transportieren diese Gefühle auch sehr elementare Fragen, die das Verlusterleben auslöst: Warum ich? Warum nicht der andere? Die Frage, warum ein Leid jemandem zustößt und einen anderen verschont. Es sind antwortoffene existenzielle Sinnfragen im Leben der Menschheit.

Solange dieses Gefühl nicht mit Zerstörungsphantasien einhergeht und darauf abzielt, alles und alle auf trostlose Weise gleichzumachen, darf es da sein, gespürt und in vertrautem Kontakt geäußert werden. Sich einem vertrauten Menschen mit diesem Gefühl in sich anvertrauen zu können, nimmt Neid und Eifersucht etwas von der hämisch-dämonischen Kraft. Aggressiver Neid legt es eher – gedanklich oder tatsächlich – darauf an, dass es den anderen auch schlecht geht; generöser Neid – so die Unterscheidung des Philosophen Martin Seel – dreht das »vergiftete Begehren« um und gesteht sich ein: In meiner Verlassenheitsnot begehrte ich das, was andere haben. Aber ich wünsche mir dabei nicht, dass die anderen es dann auch nicht haben dürften.

Was es gilt zu lernen: Diese Empfindungen von Neid und Eifersucht wahrzunehmen, sie zu wertschätzen als Ausdruck einer Wunde – sie aber am (meist gänzlich unschuldigen) anderen nicht austoben zu lassen.

Vervollständigung des Bildes

Gerade nach langen Zeiten siechender Krankheit oder in hohem, mehr und mehr pflegebedürftigem Leben hat sich das Bild des Verstorbenen zusammengeschrumpft auf diese auch für die Angehörigen sehr belastende Situation. Man sieht den ausgemergelten Körper, die Bewegungseinschränkung, die Hilflosigkeit, das Schwinden der geistigen Kräfte, das Versagen der Kommunikation, die Ungeduld auf beiden Seiten, den Schmerz der wehrlosen Ohnmacht. Man riecht das Üble des zerfallenden Körpers. Man hört die Not des Atemholens. Und schließlich die ermattete Erleichterung, als endlich der Tod als Löser kam. Und damit verbunden das angeheftete Gefühl, zu wenig getan zu haben …

Manche Trauer ist durch die Bilder des Verstorbenen noch gedrückter und ausweglosen. Da ist es gut zu wissen, dass es Zeit braucht, bis sich das Bild der Person und Persönlichkeit des Verstorbenen allmählich wieder erweitert –, dass das auch einmal ein Mensch mit Lachen und Freude, mit Beweglichkeit, mit jugendlicher Kraft und Schönheit war. Ein sich nach und nach wieder vervollständigendes Bild hilft auf dem Weg, den Verlust in sich innewohnen zu lassen. Zur Vervollständigung des Bildes vom Verstorbenen braucht es Zeit. Manchen helfen Fotos aus der Lebensgeschichte, helfen Erzählungen von Zeitzeugen älterer Lebensepochen, helfen auch Erinnerungen an das, was man in besseren Tagen miteinander hat erleben können.

Der Wunsch nachzusterben

Jeder Trauernde weiß, dass der Verlust das eigene Leben in ein riesiges Chaos stoßen kann. Man fühlt sich allein und hilflos auf sich selbst verwiesen. Trauernde wissen um die mögliche Gewalt dieses Chaos in Körper und Seele. Viele fühlen sich damit immer wieder an den Rand des noch gerade Aushaltbaren getrieben: »Jetzt kann ich es wirklich nicht mehr aushalten!« »Schon sieben Monate halte ich tapfer durch, aber jetzt geht es nicht mehr. Ich werde immer weniger, kann mich kaum noch auf den Beinen halten. Es ist wirklich genug!« Verständlich, dass viele den Wunsch haben, diesem so unbeeinflussbar scheinenden, sich immer weiter ausbreitenden Trauerschleier zu entkommen. Da formt sich immer wieder – und je länger der Tod her ist, manchmal noch intensiver – der Wunsch, dem Verstorbenen in den Tod folgen zu dürfen. Dieser Wunsch, nachzusterben, gehört mit in die normalen Reaktionen der Trauer. Die meisten Trauernden kennen das leere Gefühl am Grab ihres Toten, hören sich dort sehnsüchtig reden, dem Toten folgen zu dürfen. Manche lesen aufmerksam die Todesanzeigen und sind berührt, wenn ein Ehepaar kurz hintereinander stirbt. Auch der Gedanke, dem eigenen Leben ein Ende setzen zu wollen, ist in dieser Zermürbung des Trauererlebens nicht fremd. Es gilt hier sorgsam zu unterscheiden, wo dieser Wunsch nach Selbsttötung eine fachliche Hilfe braucht, um das Leben bewahren zu können. Ein alarmierendes Zeichen ist zum Beispiel, wenn ein Wunsch nach Beendigung des Lebens keine Unterbrechung kennt, wenn es keinerlei ins Leben beziehenden Gedanken und Hinweise mehr gibt. Mitlebende aus dem Familien- und Freundeskreis sind grundsätzlich zur Wachsamkeit aufgerufen, wenn der Wunsch nach Selbsttötung als Erlösung vorgetragen wird und gar Ort, Datum und/oder Methode des Freitodes schon überlegt sind.

Andererseits ist bei weitem nicht jeder Wunsch des Nachsterbens ein Hinweis auf eine bevorstehende Selbsttötung. Es ist eine Form der Sehnsucht, die geäußert werden darf.

Der Wunsch, in den Tod folgen zu dürfen, kennt auch andere, nicht so offensichtliche Formen. Hinter mancher Krankheit, hinter manchem Unfall kann sich der Wunsch des Nachsterbens verbergen. Es ist nicht ungewöhnlich, dass Trauernde krank werden. Die Mühe des Trauerns beansprucht viel körperliche Energie und kann das Immunsystem erheblich schwächen. Es gehört in das ganz normale Chaos der Trauer, dass Müdigkeit, Antriebsschwäche und Anfälligkeit für Krankheiten den Prozess begleiten. Es gilt, all diese Traueräußerungen wahrzunehmen und so gut als möglich liebevoll mit ihnen umzugehen. Sie sind Teil einer enormen Trauerarbeit, die geleistet werden muss, damit das Leben sich neu finden und weitergehen kann.

Der Wunsch nachzusterben ist also verständlich angesichts der Gewalt, die die Trauer als Lebensaufgabe zumutet. Dieser Wunsch ist auf dem »normalen« Trauerweg nur ein Teil der Wahrheit über Leben oder Nicht-leben-Wollen. Die ganze Wahrheit im trauernden Leben hat immer auch den Willen zum Leben in sich. Begleitende haben die Aufgabe, in aller Unaufdringlichkeit anwaltschaftlich diesen grundsätzlichen Willen, im Leben zu sein, zu bewahren. Dies wird den Wunsch des Nachsterbens nicht abweisen, sondern als eine mögliche Form verstehen, mit dem Verlust leben zu lernen. Es bedarf eines behutsamen Prozesses, bis sich der Trauer wie von selbst ein Weg aufschließt. Beeindruckend, dass die Seele irgendwann begreift und den Trauernden – zum Beispiel über Träume – mitteilt, dass sie weiter leben wollen und sollen. Oft sind es in der Vorstellung die Toten selbst, die begegnen und auffordern, zurück ins Leben zu gehen. Viele, die diesen Prozess durchlebt haben, wissen diese befreiende Wahrheit zu bestätigen.

Eine Frau, die sehr unter dem Tod ihres Mannes gelitten hat und wegen seiner jahrelangen Pflegebedürftigkeit eine sehr enge Verbindung zu ihm hatte, erzählt eines Tages – noch mitten in der Unfassbarkeit der Trauer –, ihr Mann habe mit ihr am Tisch gesessen, ihr Flehen, er möge doch wenigstens noch für einmal zurückkommen, nur mit Kopfschütteln beantwortet. Dann habe er sanft und liebevoll gesagt: »Wir werden einmal wieder zusammen sein. Aber das ist noch nicht so bald. Mach dir schöne Tage, mach sie dir so schön, wie du sie mir immer bereitet hast.«

Eine sehr berührende, die Trauer tragende Gewissheit der Verbindung zeigte sich hier.

Eine andere Trauernde berichtet einen kämpferischen Traum, in dem die List ihres Mannes die Familie vor der Willkür eines Terrorkommandos retten kann. Als alles in Sicherheit schien, lud die Frau den Mann ein, mit ins Haus zu kommen. Er sagt, sie mögen getrost dorthin gehen. Er könne da nicht mehr hin. Er habe andere Aufgaben. Sie sollten aber wissen, dass er sie immer beschützen werde …

In der Regel können Trauernde den Wunsch des Nachsterbens gut als einen Teil ihres Weges erkennen und aus eigener Festigkeit und mit achtvollem Beistand diese Phase bewältigen.

Wenn Unfälle sich im Bannkreis der Trauer befinden (das kann auch nach mehreren Jahren sein, wo in der Regel keine Verbindung zur Trauer mehr vermutet wird), kann eine gezielte, meist sehr begrenzt zu haltende therapeutische Intervention hilfreich sein, um den traumatisierenden Teil des Unfallerlebens bearbeiten zu können. Der unterschwellige Impuls des Nachsterbens kann begriffen und als Weg zur Ermutigung ins Leben geöffnet werden.

Ein junger Mann erlitt einen kaum tragisch zu nennenden Unfall bei Glatteis, war aber durch dieses Geschehen ungewöhnlich stark geängstigt. In einer Therapie konnte das Trauma des Unfalls erkannt und aufgearbeitet werden. Der junge Mann empfand eine nicht abgeschlossene Trauer um seinen Vater, bei dessen Tod er nicht anwesend sein konnte, obwohl er ihm das versprochen hatte. Er hatte den Impuls in sich, der tote Vater riefe ihn zu sich. Durch die Therapie gelang es, dem Trauernden durch seinen Vater selbst den Zuspruch, die Erlaubnis, die klare Sendung in sein Leben, zu seiner Familie zu geben.

Diese Therapie geschah mit Mitteln des Psychodramas. Auf der Bühne war es »wie von selbst« zu einer gewissen Zeit möglich, dass der Klient in der Rolle seines Vaters die Sendung in seine sehr lebendige und lebensfrohe Familie ausspracht.

Umwandlung des Lebens

Das Chaos der Trauer hat als Endbild nicht die Zerstörung und den Untergang. Durch das ganz normale Chaos der Trauer hindurch geschieht – zumindest in der gesunden Trauer – eine Umwandlung des Lebens. Die Oberflächlichkeit ödet an und wird zur Qual. Die Wahrnehmung dessen, was das eigene Leben bestimmt, was ihm gut ist, ist feinsinniger. Nicht selten werden alte Lebensmuster klarer spürbar. Die heftige Bewegung durch die Trauer weckt in manchen die Bereitschaft, näher auf die oft schon als lebenshindernd erkannten Lebensmuster zu schauen. Therapeutische oder seelsorgende Hilfe von in der Trauerbegleitung erfahrenen Frauen und Männern wird annehmbarer. Hilfe zu suchen wird einfacher, weil die Trauererfahrung zeigt, dass der Mensch mit Grenzen lebt und fachkundiger Beistand lebensermutigend, manchmal gar lebenserhaltend ist.

Es gibt beeindruckende Lebensgeschichten, die im tapferen Durchleben des Trauerprozesses eine enorme Lebensreifung und Befreiung gefunden haben. Manche Trauernde trauen sich kaum, einen solchen *Gewinn* der Trauer für denkbar zu halten, weil es wie ein Verleugnen der Einmaligkeit des Verlorenen aussehen mag. Daher ist zu betonen, dass durch die neuen Erfahrungen aus der Trauer nichts von der Kraft des Verlustes dieses einen Menschen verloren geht. Oft sind es die Toten selbst, die gerade zu dieser neuen Sicht und Zugehensweise auf das Leben ermutigen – zum Beispiel in den Träumen. Die unter Mühen geschaffte Umwandlung des Lebens knüpft auch eine neue Verbindung zwischen der nun anderen Wirklichkeit des Toten und der nun auch anderen Wirklichkeit der Lebenden, eine lebendige Verbindung zwischen Erde und Himmel. Trauer ist darin ein überaus schöpferisches Tun – mit allen Wehen des Neugeborenwerdens.

Neue Lebenswerte eröffnen sich. Neue Formen der Kreativität als Schlüssel zu neuer Erfassung des Lebens können sich anbieten. Neue Kreise von wichtigen und nahen Menschen können sich bilden, während altgewohnte Bekanntschaften verblassen mögen. Da wächst wirklich etwas Neues. Das bedeutet keinesfalls, dass das bisherige Beziehungsgeflecht, die bisherigen Haltungen, Hobbys, Neigungen und Denkensarten von Anfang an schlecht oder enttäuschend gewesen wären. Nur hat die Entwicklung der eigenen Lebensgeschichte durch den Trauerweg eine Veränderung nötig und möglich gemacht. Wenn man es so sehen kann, hört auch die bittere Klage über Menschen auf, von denen der Trauernde mehr erwartet hatte und sich jetzt im Stich gelassen fühlt. Das Leben hat durch den Trauerprozess einen neuen, eigenen Halt gefunden. Richtig ist die Erkenntnis, dass Beziehungen ihre begrenzte Zeit haben können. In diesem Zusammenhang ist auch die Ungleichzeitigkeit und Unterschiedlichkeit von Trauer um ein und denselben Menschen zu bedenken. Da gibt es keine gute oder schlechte Trauer. Die Enttäuschung, dass einige Freunde nicht gaben, was die Trauernden erhofft hatten, tritt zurück hinter der Erfahrung, dass neue Menschen wichtig und begleitend sind.

Das Trauererleben öffnet für neue Begegnungen, wenn die Enttäuschung über nicht erfüllende Beziehungen nicht dauerhaft jeden Blick blendet. Es bewahrheitet sich oft, was der biblische Weisheitsdichter Kohelet (Koh, 3,1–15) sagt: »Alles hat seine Zeit« – auch eine Zeit der intensiven Freundschaft, eine Zeit der Trauer, eine Zeit neubelebter alter Freunde oder eine Zeit neu gefundener Gefährten.

Die Umwandlung des Lebens verleugnet nicht, was bis zum Tod Lebensgeschichte war – mit dem Toten ebenso nicht wie mit dem sozialen Beziehungsgeflecht. Dennoch bleibt sie eine Geschichte, die sich weiterentwickeln kann und in der Regel auch entwickeln mag. Die Bedeutung der gemeinsam erlebten Geschichte in allen ehrlichen Schattierungen ist später, nach dem Vollzug der akuten Trauer, eine der größten Verbindungsgewissheiten mit dem Toten.

Der Tote bleibt in den Zurückgebliebenen lebendig. Das ist der Trost, die Gewissheit der Lebensverbindung über den Tod hinaus. Vielleicht liegt in dieser Erfahrung lebendiger Erinnerung – nicht zu verwechseln mit »im Gedächtnis behalten« – die Weisheit und Tiefe des Vertrauens, dass die Liebe stärker ist als der Tod.

Vor der Umwandlung des Lebens scheuen sich Trauernde eine lange Zeit ihres Verlustweges. Das ist verständlich, weil die Umwandlung selbst wie ein neuer, noch zusätzlich aufgeladener Verlust des Gewohnten erscheinen kann. Da ist es tröstlich, auf den gesunden Trauerweg zu vertrauen, auf dem irgendwann – dann, wenn es Zeit ist – oft der Verstorbene selbst es ist, der den neuen, anderen Weg ermutigt, die *Erlaubnis* dazu gibt.

Eine Trauernde, die über Jahre ein Tagebuch in Briefform schrieb, war eines Abends erstaunt, nicht mehr »Lieber Karl« am Anfang und »Deine Mechthild« am Schluss geschrieben zu haben. Und sie war nicht erschrocken, nicht betrübt. Sie wusste, dass es so richtig war. Und sie empfand sich als sehr liebevoll mit ihrem Verstorbenen verbunden und wusste zugleich, dass sie jetzt ihren neuen, anderen Weg aus ganzer Seele gehen kann. Dabei bleibt »ihr Karl« unangefochten der Mensch ihres Lebens.

Das Leben wird anders gehen, wird ab da auch die gemeinsame Geschichte ändern – wie Wege, die sich gabeln und in unterschiedlichen Wirklichkeiten weitergehen. Die Kraft und Ermutigung für den neuen Teil des Lebens geben meist der gemeinsam erlebte Teil der Geschichte mit dem Toten. Hieraus nährt sich der Mut, das Leben anders, neu zu suchen.

Eine junge Witwe, die sich wieder verheiratete, bat bei der Trauung darum, den Zusatz »bis der Tod uns scheidet« weglassen zu dürfen. Sie sagt: Die Liebe zu meinem verstorbenen Mann ist durch den Tod nicht aufgelöst. Ich bin jetzt aber fähig, einer anderen, neuen Liebe Raum zu geben.

**Wie Menschen einen Umgang
mit ihrer Trauer finden**

Unwiederbringlich – Von der Schwierigkeit, den Verlust als wirklich wahrzunehmen

Wenn nach der Lektüre der vorangegangenen Ausführungen deutlich geworden ist, dass sich das Angehen und das Durchleben von Trauer im Sinne eines tieferen, reiferen Sehens und Begreifens von Leben lohnen könnten, so wird nun in der Folge angeschaut werden, wie Trauerarbeit geschehen kann, welche (Werde-)Schritte daraus erwachsen und wie ein trauernder Mensch die Anliegen, die der Verlust ihm stellt, aufnehmen kann. Diese Aufgaben werden nicht etwa als Anforderungen anderer von außen an den Trauernden herangetragen, sind also nicht zu verwechseln mit all den »du musst« und »du solltest«, die ein Zurückgebliebener tagtäglich zu hören bekommt. Sie entsprechen in der Regel den eigenen Wünschen, irgendeinen Umgang, nämlich seinen ganz eigenen, mit dem Verlust zu finden, um in dieser Welt ohne den anderen überhaupt verweilen zu können. Dieser eigene Umgang wird dann mit der Zeit wie zu einem gut eingelaufenen Schuh, mit dem man selbst meilenweit weitgehend unbeschwert gehen kann, der einem anderen Menschen mit gleicher Schuhgröße, Wegstrecke und Ziel mit hoher Wahrscheinlichkeit aber Blasen oder Zerrungen einbringen mag.

So sollen die anschließenden Gedanken keine Trauerratschläge darstellen im Sinne von: Tun Sie dies oder jenes, so wird sich dieser oder jener Erfolg einstellen. Es wird vielmehr beschrieben, welchen Weg andere trauernde Menschen gegangen sind, wie sich andere in ähnlichen Situationen ihrer Trauer gestellt und sich aus ihrer Art der Auseinandersetzung gelingende Lebensentwürfe entwickelt haben.

Wir werden in der Folge auf die Begriffe »Verarbeitung«, »Bewältigung« und »Strategie« bewusst verzichten. Es ist immer wieder von neuem erstaunlich, wie kraftvoll und wissend in Literatur und Praxis von Bewältigung und Überwindung der Trauer und Traurigkeit gesprochen wird, nie hörte man jemanden Vorschläge zur Überwindung der Freude oder des Frohsinns unterbreiten. All diese Worte führen einen Anspruch von Sieg, Erfolg und Triumph mit sich, erinnern an Kriegsführung und Feldherrenkunst und stellen die Trauer leicht auf die feindliche, die zu bekämpfende Seite. Es geht nicht um Überwindung oder Bewältigung, sondern einzig darum, mit dem Verlust und der Trauer darum leben zu lernen.

Es geht auch nicht darum, sich gegen sie aufzulehnen, mit ihr Krieg zu führen, sondern ihre Patenschaft anzunehmen. Es geht um Erarbeitung des Trauerweges, der Trauermöglichkeiten und der Trauerausblicke. Trauernde müssen sich nicht nur ausgeliefert fühlen, nicht nur Angst davor haben, überwältigt zu werden oder sich von anderen oder sich selbst in die Passivität von Phasenmodellen oder in die Anstrengung von Aufgaben drängen zu lassen. Trauernde können ruhig oder tätig sein, können in all dem Schmerz und Weh ihre ureigene Trauer (mit-)gestalten. Die Eigenbeteiligung am Trauern als hilfreiche Haltung schließt natürlich nicht aus, dass es Zeiten und Situationen geben darf, in denen einem nicht nach Aktivität, Rührigkeit und Handeln zumute ist, in denen es einen danach verlangt, in den Trauerfluss zu steigen und sich einfach eine Weile tragen und wiegen zu lassen, ohne fortgeschwemmt zu werden.

Unwiederbringlichkeit als Trauererfahrung

Die bitterste Erfahrung von allen Trauererfahrungen ist die der Unwiederbringlichkeit, das Erleben des »nie wieder«, das nach und nach ins Bewusstsein dringt. Obwohl Trauerarbeit nicht nur an den Verlust durch den Tod gekoppelt ist, sondern einen Umgang mit allen anderen Verlusterfahrungen meint, zeigt dieses »Unwiederbringlich« nur in Verbindung mit der Endgültigkeit durch Tod seine schärfste und heftigste Seite. Bei anderen Verlusterfahrungen wie Trennung, Scheidung, Verlust der Heimat und Abhandenkommen von Perspektive und Sinn gibt es häufig noch eine leise und vorsichtige Hoffnung auf Abwendung des Schmerzes oder Umwendbarkeit der Leid erzeugenden Situation.

Selbst nach der Diagnosemitteilung einer unweigerlich zum Tod führenden schweren Krankheit und deutlich infauster Prognose erleben Mitarbeiter in der Sterbebegleitung häufig mit Staunen und Schrecken zugleich die Geburt einer offenkundig irrealen Hoffnung von Patienten und/oder Zugehörigen. Sterbenskranke erbitten Fernreiseprospekte, schmieden Ferienpläne, erwägen einen lange überfälligen Umbau des Hauses, eine Wohnungsrenovierung oder den Kauf eines neuen Autos. Der Prozess des Wahrnehmens wird dadurch erschwert, dass das, was wahrgenommen (realisiert) werden soll, zu groß und zu schwer ist, um sofort in das Bewusstsein des Menschen zu gelangen.

Zum fassungslosen Entsetzen von Familie und Freunden setzte der 21-jährige Steven drei Monate vor seinem Tod den Kauf eines sehr teuren Motorrades durch, obwohl ihm klar sein musste, dass wegen eines weit fortgeschrittenen Ewing-Sarkoms im rechten Bein und des bereits durch Metastasen erfolgten Bruchs des Beckens nie mehr eine Nutzung dieser Maschine infrage kommen würde. Sein Umfeld sah nur eine Erklärung für diese »Ungeheuerlichkeit«: Er sei nicht ausreichend aufgeklärt über Zustand und Perspektive seiner Krebserkrankung. In Wahrheit war er gut informiert worden. Wahrscheinlich griff hier das Prinzip Hoffnung und konnte sich nur durch die – wenn vielleicht auch aberwitzige – Umsetzung der Kaufidee etablieren und ihm den Abschied von seinem noch so jungen Leben erleichtern.

Hoffnung schafft Zukunft, wobei es zunächst gleichgültig ist, ob diese Zukunft real oder unwirklich ist und welche Zukunft letztlich gemeint ist.

Verleugnen als Schonraum der Seele

In einem Hospiz liegt eine Dreißigjährige Frau im Sterben, der Vater befindet sich auf einer für seinen Arbeitgeber wichtigen Agrarmesse im Ausland. Als sich der Zustand der Tochter drastisch verschlechtert, versuchen die Mitarbeiter, den Vater zu erreichen. Es ist sehr schwierig, ihn ausfindig zu machen, schließlich meldet er sich und verspricht, die nächstmögliche Maschine nach Deutschland zu nehmen und dann auf dem schnellsten Weg zum Hospiz zu kommen. Als er am Abend des nächsten Tages gegen 20 Uhr eintrifft, ist die Tochter bereits verstorben und schon seit Stunden in ihrem Zimmer aufgebahrt. Behutsam führt die diensthabende Schwester den Vater, einen kleinen, abgearbeitet wirkenden Mann, zum Zimmer der Tochter. Die Tür steht halb offen, das Bett am Fenster ist vom Flur aus zu sehen. Nun geschieht etwas Seltsames: Während die Schwester wartend und einladend an der Tür stehen bleibt, geht der Vater rasch den Gang hoch, ohne das Zimmer auch nur eines Blickes zu würdigen. Am Ende des langen Ganges verharrt er gebeugt in starrer Bewegungslosigkeit, um dann nach Minuten den Gang ebenso eilig erneut hinunterzuschreiten, wieder am Zimmer vorbei, mit abgewandtem Kopf. Dieser Vorgang wiederholt sich mehrfach. Nachdem er einige Male am Zimmer vorbeigelaufen ist, wirft er einen kurzen Blick in den Raum. Auch dies geschieht wiederholt, er zeigt fast keine Reaktion, bis auf die verstohlenen Blicke. Später werden seine Schritte auf dem Flur langsamer, in Höhe der Zimmertür gerät er ins Stocken, wandert aber weiter den Gang auf und ab. Schließlich bleibt er in Höhe der Tür stehen, jedoch an der gegenüberliegenden Wand. Von dort mustert er lange das Bett und den darin ruhenden Leichnam seiner Tochter. Eine steile Falte steht zwischen seinen Augenbrauen, die Züge sind streng, wie erstarrt. Die Schwester fühlt sich unbehaglich, versteht nicht, was vor sich geht, hat aber eine leise Ahnung, dass sie hier nichts unterbrechen oder beschleunigen darf, und setzt sich still auf den Stuhl am Bett.

Lange Zeit später sieht sie, dass der Vater mittlerweile im Türrahmen steht und sein totes Kind mit einem sehr wehen Ausdruck betrachtet. Das Zimmer betritt er in dieser Nacht nicht mehr. Zur weit vorgerückten Stunde bringt ihn die Schwester in das für ihn vorbereitete Gästezimmer.

Am nächsten Morgen beginnt der Vorgang der Annäherung von neuem. Der Vater benötigt noch einen ganzen Tag und einige Abendstunden, um das Zimmer zu betreten und am Bett seines Kindes anzukommen. Dort sitzt er dann noch die ganze folgende Nacht, stumm auf die Tochter niederblickend und tränenüberströmt, in Gedanken versunken.

So wie dieser Vater körperlich und räumlich die Annäherung an seine verstorbene Tochter vollzieht, so sucht auch das menschliche Gemüt einen Weg, die Bewusstwerdung des Verlustes zu verwirklichen. Die Wahrheit ist nicht von Anfang an verstehbar oder annehmbar, sie muss erst zur Wirklichkeit werden. Dieser Weg ist keineswegs geradlinig, sondern verwinkelt, unterbrochen, mit seitlich abgehenden Sackgassen versehen und von zahlreichen Umleitungen durchsetzt. Die seelische Anpassung an die Verlustwirklichkeit, an den Schmerz und die Empfindung der Leere geschehen nur äußerst zögernd und in einem Rhythmus von Hinschauen und Wegschauen. Der erste Aufprall der Begegnung mit dem Tod eines geliebten Menschen ist derart überwältigend, dass eine Art von natürlichem Ausklinken der Wahrnehmung, ein Abkoppeln, eine Art Stilllegung erfolgen muss. Hinterbliebene oder Menschen, denen man eine schlimme Nachricht überbringt, funktionieren manchmal wie Opfer nach einem Autounfall. Nach dem Zusammenstoß steht der Verletzte auf, geht weg und sagt: »Wer, ich? Verletzt? Es geht mir gut.« Aber nach einiger Zeit holt der Schmerz ihn ein.

Seit Sigmund Freud ist das Wort »Verleugnung« (Verdrängung) negativ belegt. Er beschreibt es als Verweisung einer peinlichen, schmerzlichen, sich selbst nicht eingestehen wollenden Vorstellung aus dem Bewusstsein ins Unbewusste und sieht als einzige Möglichkeit, eine Störung abzuwenden oder aufzulösen, die – wenn nötig sogar erzwungene – Rückholung des Themas in das Bewusstsein.

In der Trauerbegleitung erleben wir den Prozess des Nichtwahrhabenwollens häufig als heilsamen Versuch, das Nichtaushaltbare vorläufig auszuhalten. Ebenso wie der Sterbende angesichts seines unausweichlich auf ihn zukommenden Endes dieses von Zeit zu Zeit gedanklich und gefühlsmäßig ausblenden muss, um sich ihm dann wieder seelisch erholt zu stellen, reden sich Hinterbliebene vorübergehend durchaus erfolgreich und sinnvoll ein, dies alles sei nur ein schlimmer Traum oder ein böses Missverständnis. Dieser Akt, eine Art künstlich herbeigeführte Ohnmacht der Seele, ist ein großer Kunstgriff menschlicher Möglichkeiten, der ob seiner schöpferischen Kraft eher Bewunderung verdient als einen Verweis.

In einer Trauergruppe erzählt eine verwaiste Mutter, wie sie die Nachricht vom tödlichen Unfall ihres einzigen Sohnes erhielt. Der Polizist habe bei ihr im Wohnzimmer gesessen, den Hergang des Unfalls geschildert, ihr erklärt, dass man den Jungen nicht habe aus dem brennenden Auto befreien können und untätig habe zusehen müssen, wie er seinen Verletzungen erlegen sei. Auch habe ihr der Beamte die angekohlten Papiere überreicht, auf denen das Foto ihres Sohnes deutlich zu erkennen gewesen sei. Dennoch sei ihr die ganze Zeit so gewesen, als handele die schreckliche Nachricht vom besten Freund ihres Sohnes und nicht von ihm selbst. Die Nachricht habe sie zwar erschüttert, aber ihr erster Gedanke sei gewesen, wie ihr Sohn diese schlimme Mitteilung wohl aufnehmen werde. Auch Stunden später, in denen sie allein im Wohnzimmer saß, habe sie immer wieder an die arme Mutter des Jungen denken müssen, wie dieser wohl nun zumute sei. Bei diesen Vorstellungen sei ab und zu wie ein Blitz der furchtbare Gedanke in ihr Bewusstsein durchgedrungen: »Diese Mutter bin ja ich selbst«. Sie habe diesen Gedanken gleich darauf wieder weggedacht. Noch am Tag der Beerdigung, an der auch – wie sie heute wisse – der besagte Freund und dessen Mutter teilnahmen, habe sie den jungen Mann einfach nicht gesehen und dessen Mutter mit großem Mitleid betrachtet und sich vorgenommen, ihr in den nächsten Wochen beizustehen.

Im Nachhinein überlegte sie innerhalb der Trauerbegleitung, dass sie erst durch das Sich-Hineinversetzen in die Person der anderen Mutter ein Gefühl zu ihrem eigenen tiefen Schmerz habe entwickeln und diesen schließlich auch spüren können. Indem sie immerzu überlegte, was der fremden Mutter wohl gut tun könnte, habe sie zunehmend verstanden, dass sie selbst in ihrer Trauer nun nichts leisten müsse und dass sie in ihrem übergroßen Schmerz verharren dürfe.

Es gehört zum Umgang mit großem Leid, dass nie das Ganze, also die Komplexität des Geschehens mit einem Schlag erfasst werden kann. Die menschliche Seele ist in der Lage, auch die unvorstellbar schlimmsten Erfahrungen auszuhalten, nur nicht alle auf einmal. Sie teilt sich das große Leid sozusagen in Wahrnehmungs- und »Bewältigungshappen« auf, indem sie zwischenzeitlich die Wirklichkeit ausschaltet, die Wahrnehmung schlafen schickt und das Bewusstsein erst kurz darauf wieder auf einen kleinen Teil, einen Ausschnitt des Leides richtet.

Trauernde und ihr Umwelt mögen darauf achten, dieses Vorgehen nicht zu verwerfen und nicht auf einem Aufdecken zu beharren, sondern es wertzuschätzen als Selbstregulierungsprozess, der Kraft und Mut zeitigt. Die vorübergehende Verleugnung in der Gegenwart kann den Antrieb verursachen, in die Zukunft einzutreten. Natürlich birgt dieser Prozess, so er sich nicht im Rhythmus von Verweigern und Wieder-darauf-Zugehen abspielt, auch die Gefahr, die Energie von der Gegenwart und Realität dauerhaft abzuziehen und den trauernden Menschen in eine Scheinwelt flüchten zu lassen. Die wichtigste Aufgabe des nun in seine Trauer eintretenden Menschen ist es, langsam das Schreckliche zu begreifen und als wirklich geschehen anzusehen.

Eine liebevolle Umwelt, die für das Verleugnungsverhalten Verständnis zeigt und den Realisierungsprozess nicht sofort zwingend einfordert, die Veröffentlichung der Trauer durch eine Zeitungsanzeige, gegebenenfalls auch durch die Kleidung, die Grabgestaltung und nicht zuletzt die Rituale werden dem Trauernden bei diesem Angang helfen.

Die Erfahrung zeigt, dass die Verleugnung ihre heilende Wirkung vollziehen kann, je weniger sie als Fehlhaltung bekämpft und je weniger ihr widersprochen wird. Eine erschwerte Trauer wird eventuell nur dann ausgelöst, wenn der Trauernde in seinem Prozess hängen bleibt.

Als der vorhin erwähnte Steven das Bett nicht mehr verlassen konnte und immer schwächer wurde, ließ er sich eines Tages von seinem Vater in die Garage tragen und auf eine Decke neben das neue Motorrad legen. Weinend berührte er die Maschine, wischte mit dem Bademantelärmel einen Flecken am glänzenden Auspuffrohr ab und ließ sich zweimal vom Vater versprechen, das Motorrad später an seinen Cousin weiterzugeben. Er bat den Vater, dies nach Rückkehr ins Haus schriftlich niederzulegen und ihn unterschreiben zu lassen. Am gleichen Abend schrieb er noch eine Liste mit seinen persönlichen Gegenständen und legte fest, wem sie zugesprochen werden sollten.

Das Schreckliche be-greifen

In meine Sprechstunde kommt eine ältere Dame wegen unerklärlicher Anfälle von Traurigkeit und Angst. Der frühere, alte Hausarzt, der sie seit langem kennt, hat ihr geraten, sich mit dem vierzig Jahre zurückliegenden Tod ihres Mannes auseinanderzusetzen. Mir berichtet sie, dass sie zwar damals einen Brief von der Wehrmacht bekommen habe mit der Nachricht, dass er gefallen sei, aber sie glaube eigentlich nicht daran. Sie vermute, dass er einer Verwechslung zum Opfer gefallen sei und irgendwo notgedrungen ein neues Leben aufgebaut habe. Nie sei der Tod von seinen Kameraden bestätigt worden, nie habe man ihr oder seiner Familie seine Feldhinterlassenschaften geschickt. Sie könne sich seinen Tod einfach nicht vorstellen. Bei seinem letzten Heimaturlaub vier Wochen vorher, an dem sie geheiratet hatten, sei er doch so lebendig und zuversichtlich gewesen.

Die Tatsache, dass ein Mensch entweder nicht die Möglichkeit oder nicht den Wunsch hatte, seinen Verstorbenen noch einmal mit allen manifesten Anzeichen des Todes zu sehen, kann den Eintritt in die normal schwere Trauer erschweren oder grundlegend verhindern. Vielfach wird vonseiten der sogenannten helfenden Berufe nichts Ermunterndes zur Verabschiedung gesagt, diese oft sogar abgewendet mit Aussprüchen wie: »Behalten Sie ihn so in Erinnerung, wie Sie ihn gekannt haben« oder »Sie sieht nicht gut aus, Sie gehen besser nicht mehr hinein«.

Gerade die Erinnerung an einen blühenden, gesunden, lebendigen Menschen kann die Realisierung des Todes verzögern und behindern. Das letzte Gesicht eines geliebten Menschen gesehen zu haben, hat im Erleben der Endlichkeit einen besonderen Schmerz ausgelöst, ein tiefes Erschrecken in der Begegnung mit dem »Nie mehr«, ist aber gleichzeitig von unschätzbarem Wert dafür, ihm später einen anderen Platz im eigenen Leben als den bisherigen zu geben. Der Anblick des veränderten Körpers, der Starre der Glieder, der blutleeren Hautfarbe, der Schärfe der Züge lässt verstehen, dass der Tote nun in eine andere Daseinsform übergegangen ist.

Manchen Hinterbliebenen kommt der Rat, den Toten nicht mehr anzusehen, sehr gelegen, weil sie beim Anblick des toten geliebten Menschen einen Zusammenbruch fürchten. Es hat sich gezeigt, dass die phantasierte Vorstellung, wie der Leichnam aussehen oder zugerichtet sein könnte, um ein Vielfaches schlimmer ist als der wirkliche Anblick. Wenn der verstorbene Mensch nicht mehr angeschaut werden kann, bleiben die Hinterbliebenen häufig in einer dauernden Unruhe und Unklarheit gefangen. Wenn sie später im Trauerprozess die Erfahrung machen sollten, dass es ihnen aufgrund des Nicht-gesehen-Habens schwerfällt, die Realität des Todes wahrzunehmen und als vorhanden zu akzeptieren, könnte die vorwurfsvolle Frage gestellt werden: Warum hat mir niemand gesagt, dass es wichtig ist, den Verstorbenen noch einmal zu sehen?

Eine Frau erzählt davon, wie dankbar sie sei, dass sie ihre Mutter nach deren Tod mehrfach habe sehen können. Kurz nach dem Sterben habe sie eine Stunde auf der Intensivstation an ihrem Bett gesessen. Da habe sie wie schlafend geruht. Es sei ihr ein Leichtes gewesen, ihre noch warme Hand zu halten, ihr über die Haare zu streichen und mit ihr zu sprechen. Zwei Tage später sei ihre ältere Schwester eingetroffen, und das Beerdigungsinstitut habe erlaubt, dass auch sie zum Abschiednehmen die Mutter noch einmal sehen könne. Gemeinsam sei man dort gewesen. Für die jüngere der Frauen sei der Anblick der Mutter deutlich verändert gewesen. Die Todesstarre habe die Züge härter und strenger erscheinen lassen, die Haut sei trocken und eingefallen gewesen, die Hautfarbe sei von gelblich wächsern zu grau gewechselt.

Noch einmal anders sei es am Tag der Beerdigung gewesen, als man für die ganze Familie den Sarg zum letzten Mal geöffnet habe. Sie habe ihre Mutter fast nicht mehr erkannt. Körper und Kopf seien ihr wie aus Holz vorgekommen, sie habe an den Korpus eines Kruzifixes denken müssen. Die Haut sei von bläulichen Flecken übersät gewesen, die Haare – obschon sorgfältig gekämmt – leblos und struppig. Nichts habe mehr im Entferntesten an die lebende Mutter erinnert. Sie sei auch nicht mehr in der Lage gewesen, die Verstorbene zärtlich zu berühren – es habe einfach keinen Sinn mehr gemacht, man streiche ja auch kein Kruzifix. Wenn sie beim zweiten Mal noch heftig geweint habe beim Anblick der Mutter, so sei jetzt ein Gefühl der Fremde, eine Scheu und ein großes Staunen in ihr gewesen, wie der Tod die Mutter nun ganz genommen habe. Nun erst sei sie richtig tot gewesen. Es sei ihr dann auch kein wirklicher Schmerz mehr gewesen, den Körper bei der Beerdigung an die Erde abzugeben, weil dieser nun nicht mehr das, was die Mutter ihr bedeutet habe, beherbergt hätte.

Aus dem Ansinnen, es dem Trauernden einsichtig und möglich zu machen, seinen Verstorbenen noch anzusehen, ihn vielleicht ein letztes Mal anzufassen, beim Waschen und Ankleiden behilflich zu sein, sollte sich keine generelle Forderung ergeben. Es muss nicht sein, dass die Trauer deshalb schwieriger verläuft. Menschen, die zueinander zu Lebzeiten in einer gewissen Distanz gestanden haben, wären sicher überfordert, wenn ein wohlmeinender Begleiter sie ans Totenbett zerrte und behauptete, ohne den Toten zu berühren, könne man den Zustand Tod nicht begreifen. Oder wenn ein schon erwachsenes Kind aus einer Familie, in der ein sehr züchtiger und schamvoller Umgang mit Körperlichkeit und Nacktheit gelebt wurde, gedrängt würde, den verstorbenen Vater oder die Mutter zu waschen, wäre dies wenig hilfreich und überfordernd.

Es ist sinnvoll, jeden dabei zu unterstützen, was ihm sein Empfinden in dieser Situation als wünschens- und ertragenswert eingibt.

Für die Mitgehenden ist in dieser Situation die Frage ausschlaggebend: Was braucht dieser trauernde Mensch an Hilfe oder Bereitstellung von mir, um das zu wagen, was er in der letzten Begegnung mit dem Toten als mit sich und der Beziehung stimmig wünscht?

Häufig genügt das Angebot an den trauernden Menschen, ihn mit dem Anblick des Verstorbenen nicht allein zu lassen, sondern an seiner Seite zu bleiben, um ihm die Angst vor der Verabschiedung zu nehmen.

Was ich gern noch gesagt hätte …

Zur Schwere und Strenge der Unwiederbringlich- und Unwiederholbarkeitserfahrung gehört besonders die Vorstellung, dass wesentliche Dinge zwischen Menschen nicht nur unausgesprochen sind, sondern unausgesprochen bleiben. In diesem Wort »bleiben« liegt eine schmerzliche Tragik. Söhne hätten sich noch gern mit ihren Vätern versöhnt, Brüder hätten gern noch um Verzeihung gebeten, Frauen ihren Männern noch gern mitgeteilt, dass hinter späten lieblosen Worten nur die eigene Erschöpfung durch die Pflege lag und vieles mehr.

Nach einer Trennung ist es immerhin noch denkbar, ein Klärungsgespräch zu führen oder einen Abschiedsbrief zu schreiben.

Die um einen Verstorbenen Trauernden erleben dagegen, dass ein Gespräch nun nicht mehr möglich ist, und drohen manchmal daran zu verzweifeln.

In der Begleitung Trauernder machen wir immer wieder die Erfahrung, dass auch ein Aussprechen im Nachhinein nicht nur entlastend ist, sondern eine eigenartige Realität verändernde Wirkung haben kann. In einem solchen realen, nicht etwa fingierten Gespräch mit dem Toten ohne seine personale Anwesenheit wird das »Drama« der Gedanken nach außen gebracht, wird es mitgeteilt und betrachtet. Somit wird das Erlebte Wirklichkeit und wirkt weiter.

Die nachfolgenden Ausführungen entstammen der therapeutischen Arbeit mit Trauernden, und die Anwendung der dargelegten Methode eignet sich nur begrenzt und ausschnitthaft für den eigenen Einsatz oder eine Begleitung. Wichtiger ist die Idee, die hinter der Methode lebt. Sie betrifft psychosoziale Interventionen bei Menschen, die nur schwer den Verlust anerkennen konnten oder ihre Trauerreaktion sehr lange aufgeschoben haben und dies in einer Einzeltherapie oder in einer Gruppe bearbeiten wollen.

Trauernde, die an unausgesprochenen Konflikten oder nicht gesagten Worten zu ersticken drohen, erhalten die Erlaubnis oder werden gebeten, Szenen ihrer Beziehung in der Phantasie neu zu gestalten unter der Frage: »Wie würden Sie es heute machen oder sagen angesichts der Sterbeerfahrung?«

Dabei wird von dem Konzept ausgegangen, dass Gedanken und Worte, wenn sie nur ausgesprochen sind und den Adressaten auch nicht direkt erreichen, große Kräfte sind. Der intensive Wunsch, Versäumtes nachzuholen, Böses ungeschehen zu machen, Ungesagtes laut werden zu lassen, wird nicht nur in der Vorstellung, sondern sprachlich und damit faktisch verwirklicht. Im Leben war es anders, aber nun geht es darum, dass das Gefühl jetzt zählt. Es werden neue Fakten durch Gedanken und noch mehr durch hörbar ausgesprochene Worte und Sätze gesetzt.

Eine Frau berichtet in einer Gruppe, dass sie unendlich traurig über den Verlust des Vaters sei. Er sei mit einem Herzinfarkt ins Klinikum eingeliefert worden, und obschon sie sofort zu ihm geeilt sei, habe sie nicht mehr mit ihm reden können. Auf die Frage, ob es da noch etwas Wichtiges zu bereden gegeben hätte, atmet sie schwer und nickt dann eindringlich. Ich ermutige sie, es nun zu tun. »Hier?«, fragt sie, »jetzt?« Ich mache deutlich, dass sie sich den Vater auf dem gegenüberstehenden Stuhl vorstellen, nun Kontakt zu ihm aufnehmen und das sagen solle, was sie auf dem Herzen habe. Sie beginnt mit leiser Stimme, dass sie ihn vermisse. Dass es nicht in Ordnung sei, dass er ohne Abschied fortgegangen sei. Ich schlage ihr vor, einmal auf den Stuhl des Vaters zu wechseln, um nun ihr zuzuhören und zu antworten. Nach langem Schweigen sagt sie als Vater: »Glaube nicht, dass es mir leicht gefallen ist, aber ich hatte hier kein Bleiben mehr. Ich musste gehen. Es tut mir weh, dir und deiner Mutter dies angetan zu haben.« Auf meine Geste hin wechselt sie wieder den Platz. Sie lauscht den Worten nach, beugt sich dann vor, verändert ihre Körperspannung, verengt die Augen zu schmalen Schlitzen und stößt dann hervor: »Weißt du was – ich glaube dir das nicht, das mit dem Wehtun und so. Plötzlich sagst du so was, aber sonst war ich dir immer egal. Nie warst du interessiert an mir, nie hast du mich angeschaut. Eigentlich ... eigentlich wolltest du doch auch einen Sohn an meiner Stelle haben und gar nicht mich.« Sie beginnt laut zu schluchzen. Ihr ganzer Körper bebt in diesem alten Schmerz. Später redet sie weiter: »Und ich habe mich so bemüht, dir ein guter Sohn zu sein, ein wilder, starker Junge. Habe nur mit Jungen gespielt, Fußball und all den Kram, kein Baum war zu hoch, keine Mutprobe zu schwer. Und wenn ich dann nach Hause kam und dir erzählen wollte, dann hast du mich nur müde angeschaut und gesagt, geh dich waschen, geh dich umziehen, lass deine Mutter diese Hose bloß nicht sehen. Nie, nie warst du stolz auf mich, Vati.«

Nach einer langen Pause wechselt sie von selbst auf den Stuhl des Vaters. Als dieser sitzt sie nun aufrecht da, die Hände lang auf den Lehnen, wie in Trance nickend. »Ja, so war das, du hast Recht. Das war sowieso eine schlimme Zeit. Als ich aus dem Krieg zurückkam, fand ich alles anders vor. Das, wofür ich gekämpft hatte, war nichts mehr wert. Zu Hause war auch alles anders. Deine Mutter hatte gelernt, ohne mich auszukommen, sie konnte alles, brauchte mich nicht mehr. Und ich war mir selbst im Weg. Ich war auch nicht stolz auf mich, auf was konnte ich denn stolz sein. Ich war ... kaputt. Und da, da habe ich dich wohl übersehen. Da musstest du denken, ich mag dich nicht, weil ich so beschäftigt mit mir war. Aber eines sollst du auch wissen: Manchmal, wenn du schliefst, bin ich abends an dein Bett gekommen und habe dich angeschaut. Mein Mädchen!«

Nach einer weiteren Pause geht sie auf meinen Hinweis wieder zu ihrem eigenen Stuhl. Sitzt dort, sinnend. »Und?«, frage ich nach einer Weile. Sie ist ganz ruhig geworden, streicht sich über den Rock. »Hm«, sagt sie, »da muss ich drüber nachdenken.«

Solche Gespräche mit einem verstorbenen oder verlorenen Menschen, in denen noch etwas gesagt werden will, kann ein trauernder Mensch auch in seiner Wohnung führen, in einem ruhigen Raum, ohne die Anwesenheit anderer. Sie suchen sich einen bequemen Sessel (oder ein Kissen auf dem Boden) und stellen oder legen eine weitere Sitzgelegenheit gegenüber oder neben sich auf den Boden. Nun stellen Sie sich vor, dass dort der Mensch sitzt, dem Sie noch etwas Wichtiges mitteilen wollen. Damit es Ihnen leichter fällt, sich dieses Menschen lebendig zu erinnern, kann es hilfreich sein, wenn Sie bestimmte Gegenstände, die zu ihm gehörten, vor oder um seinen Platz anordnen. Nun beginnen Sie, ihn anzusprechen, wenn möglich nicht nur innerlich, sondern laut. Es ist wichtig, sich dabei zu hören. Dann sagen Sie ihm das, was Sie auf dem Herzen haben. Wenn alles Notwendige gesagt ist, wechseln Sie auf seinen Platz und lassen dort nachwirken, was Sie gehört haben. Und dann antworten Sie aus seiner Position. Sie werden vielleicht verblüfft sein, was Sie sich aus seinem Mund sagen hören. Legen Sie es sich nicht vorher im Kopf zurecht, bewerten und kontrollieren Sie nichts, sondern lassen Sie die Worte einfach kommen. Führen Sie den Dialog so lange, bis auf beiden Seiten zunächst alles gesagt ist und nichts mehr auszusprechen drängt. Wechseln Sie am Schluss wieder auf ihren ursprünglichen Sitz und lassen Sie das Gesprochene und die Gefühle Revue passieren und mit ausreichend Zeit nachklingen. Dann hat sich die offene Gestalt geschlossen, Sie können sich zur Ruhe begeben oder anderen Dingen zuwenden.

Wenn Ihnen der Platzwechsel unangenehm ist, so können Sie auch Ihre beiden Hände miteinander sprechen lassen, indem Sie festlegen, welche Hand welche Rolle übernimmt, und sie dann jeweils zum Gesagten bewegen lassen.

Es kann das Gespräch erleichtern, wenn Sie symbolische Gegenstände, die Sie sich und dem anderen zuordnen, zur Hand nehmen und diese miteinander in Austausch treten lassen. Dies können zum Beispiel verschiedenfarbige Tücher sein, die das Naturell oder Temperament der jeweiligen Person versinnbildlichen. Auch das Aufschreiben eines Gesprächs ist eine Möglichkeit.

Das Erstaunliche an diesen (Trauer-)Arbeiten ist, dass Menschen aus ihren tiefen Bindungen heraus vom anderen eigentlich alles wissen, nur ist dieses Wissen verschüttet oder verstellt. Durch die Aktivierung eines verstummten Gesprächs, vor allem durch den Rollentausch – und hier spielt auch der Wechsel des Platzes eine wichtige Rolle – wird dieses Wissen voneinander wieder ins Bewusstsein gehoben. So kann es zumindest zu einem Austausch kommen, zu nachträglichem Verständnis füreinander, manchmal sogar zu einer späten, aber nicht unbedingt verspäteten inneren Versöhnung.

Trauer veröffentlichen

Es dient der Wahrnehmung und festigt das Begreifen des Unwiederbringlichen, wenn der Verlust nicht nur inwendig erkannt wird, sondern auch ge- und entäußert, gezeigt, nach außen bekannt wird. Trauer ist sehr persönlich, aber auch eingebunden in das Zusammenleben der Menschen. Daher berührt Trauerleben auch immer das Umfeld, die Öffentlichkeit mit. Es gibt unterschiedlichste Zeichen, die Trauer zeigen – oder im schlechten Fall das Zeigen von Trauer verunmöglichen. Im Folgenden stehen einige Hinweise, wie Trauer öffentlich ist und wie sie sich darin gestalten kann. Zudem weisen wir darauf hin, wie Trauernde, wie mit den Trauernden in Beziehung Stehende, diese Trauer zu einem gemeinschaftlichen, einem sozialen Tun werden lassen. Diese Trauerzeichen sind nicht nur den Trauernden ein Trost und eine Hilfe, sondern durchaus auch der »Öffentlichkeit«, um Trauer in hilfreichen Bahnen leben zu lassen.

Trauer zeigen – Trauerzeichen

Trauerleben ist nichts in sich Abgeschlossenes, Verkapseltes, sondern immer auch ein in das Umfeld eingebetteter Vorgang. Manchmal löst es tiefes Mitgefühl aus, manchmal Verunsicherung; das eine Mal gelingt eine fast natürliche Selbstverständlichkeit, den Verlust mitzutragen, ein anderes Mal erweist es sich als unendlich schwierig, als Trauernder irgendein Zeichen der Trauer zu setzen oder als Mitlebender irgendein Zeichen des Beistandes, des Bei-Leidens geben zu können.

Trauerkleidung

Trauer zu tragen, nicht nur im Herzen, sondern auch äußerlich, erleben Menschen sehr unterschiedlich. Es gibt vermutlich nicht »den Typen«, der immer oder nie Trauer tragen will. Das Trauertragen ist ein nach außen gewandtes Zeichen, dass das eigene Leben einen Verlust zu tragen hat. In unserem Kulturkreis ist es die schwarze Farbe, die dafür Ausdruck sein kann. Trauer auch in der Kleidung zu tragen ist ein öffentliches Bekenntnis, dass das Leben nicht einfach farbenfroh weitergeht. Es ist ein Zeichen, das um besondere Achtsamkeit bitten und das unbedachte Annähern erschweren will. Dem Trauernden ist danach, sich als schützenswert, Vorsicht brauchend zu zeigen, wenn er so seine Trauer nach außen trägt. Es gibt keine Regel, ob man nun Trauer tragen *muss*. Es ist eine Möglichkeit und als solche sehr zu respektieren.

Traueranzeige

In Zeitungen werden der Verlust und die Trauer durch Anzeigen in die Öffentlichkeit gebracht. Viele verschicken solche Anzeigen an Menschen, die mit dem Verstorbenen und/oder den Trauernden Kontakt haben. Hier steht dann schwarz auf weiß, was das Herz noch nicht begreifen kann. Und gerade das hilft der Wahrnehmung und Realisierung des Unwiederbringlichen. Die meisten bedienen sich der Formulierungsvorschläge, die Bestatter ihnen vorlegen. Es ist auch zu beobachten, dass immer mehr Zugehörige diese Bekundung des Todes und der Trauer um diesen ihnen wichtigen Menschen mit einer sehr persönlichen Gestaltung der Anzeige zum Ausdruck bringen. Es ist eine auch für den Weg der Trauer hilfreiche Ausdrucksform, Verlust und Trauer anzuzeigen. Sie kann auch Kunde geben von der Verzweiflung und/oder der Hoffnung, die dieser Tod hinterlässt. Es sind Bekundungen des einzigartigen und eigenartigen Lebens des Toten; es sind Bekenntnisse des Glaubens über Leben, Tod und Leben über den Tod hinaus. Traueranzeigen können Einladung sein, eine Hoffnung als Glaubensgemeinschaft weiter zu tragen, die auf dem Weg der Trauer den Trauernden verloren gegangen sein kann – selbst wenn sie so klar und fest in der Anzeige bekundet wird.

Schließlich ist eine Todesanzeige auch der Abschluss eines öffentlichen Lebens. Im Formulieren der Anzeige werden sich die Hinterbliebenen vielleicht besonders bewusst, was aus diesem Leben nur ihnen gehört und was der Gemeinschaft geöffnet und bekundet wird. Erstmals im noch jungen Trauerprozess gehen die Gedanken auch schon kurz zu dem, was in der Erinnerung anderer und in der eigenen bleiben kann oder soll.

Kondolenzbesuch

Vielen fällt es schwer, zu einem Trauernden zu gehen. Viele Trauernde tun sich aber auch schwer, Besuch zu empfangen. Sie haben Sorge, sich stark zeigen zu müssen, und Angst, sich falsch darzustellen, Furcht, in haltlose Tränen auszubrechen, was sie oder die Besucher als Sich-gehen-Lassen werten könnten. So viel Unsicherheit schwingt bei allen mit, so viel eigene Angst vor Verlust wird bei Besuchern berührt, so viel Druck der eigenen Ansprüche, trostreiche Worte zu finden. Trauernde sind von Isolation bedroht, weil die anderen sich nicht trauen. Der Kondolenzbesuch verlangt keine Lösung des Schmerzes, verlangt keine Erklärbarkeit. Er ist ein Ausdruck des Mitgehens, des Mittragens in den Möglichkeiten, die die Menschen von sich aus bieten können. Ein Kondolenzbesuch ist nicht dann gut, wenn er viel Zeit in Anspruch genommen hat. Es geht um die Bekundung, seitens der Trauernden, den Verlust zu zeigen, zu ihm zu stehen, und seitens der Besucher, ihn wahrgenommen zu haben, das mit zu tragen, was ehrlich mitgetragen werden kann. In erschwerten Todesumständen ist dies noch einmal schwieriger. Manchmal ist es angezeigt, bewusst nichts zu sagen, als dass sie nichts zu sagen fähig sind. Manchmal sind es Gesten der Nähe, manchmal das gemeinsame Schweigen, manchmal eine Blume, die in Hilflosigkeit wortlos übergeben wird. Der Kondolenzbesuch dient dem Trauernden, nicht mit Isolation bestraft zu sein, dem Besuchenden, die Angst vor der Begegnung mit dem Tod und der Trauer zu mindern. Was zählt, ist die Echtheit, mit der Besuchende kommen, und die Wachsamkeit, nicht die eigene Angst und Trauer den Trauernden überzuwerfen, sondern den Raum den Trauernden zuzugestehen. Manchmal ergeben sich aus solchen Besuchen Hilfsangebote. Die müssen gar nicht auf psychosozialer Ebene liegen, sondern können ganz alltägliche Handreichungen sein wie zur Post gehen, den Hund versorgen oder eine Suppe mitbringen.

Kondolenzschreiben

So schwer manchen der Besuch im Trauerhaus fällt, so schwer tun sich Menschen mit Kondolenzschreiben. Trauernde mögen verstehen, dass fehlende Besuche, Schreiben oder Anrufe nicht unbedingt ein Zeichen von Lieblosigkeit sind, sondern vielmehr aus der Hemmung unterbleiben, keine passenden Worte zu finden. Aber da ist keine schriftstellerische Hochleistung gefordert. Auch hier steht die Echtheit, die zu bekunden möglich ist, im Vordergrund. Das kann Ausdruck der Hilflosigkeit angesichts des schweren Verlustes sein. Das kann die Einfühlung in die ganz persönliche Situation des Hinterbliebenen aufgreifen. Das kann auch »nur« ein »In aller Hilflosigkeit Ihnen ein Zeichen, dass ich an Sie und Ihren Toten denke« sein. Kondolenzschreiben sind für Trauernde oft eine noch lange Zeit hilfreiche Stütze. In den Bekundungen der Mitmenschen können Erinnerungen an den Verstorbenen und seine Bedeutung auch für andere Menschen dankbar und tröstend aufleben.

Kondolenzschreiben haben auch dann noch ihre besondere Wirkung, wenn sie nicht nur »zum Tag selbst« geschrieben sind, sondern auch nach der Beerdigung, nach einigen Wochen, zum Jahresgedenktag, zu Gedenktagen, die für die Trauernden von Bedeutung sind. Sie vermitteln ihm oder ihr, dass ihm nachgegangen, seinem Leid nachgegangen wird, er nicht vergessen ist.

Gedenkfeiern

Über die Feier der Beerdigung hinaus sind auch andere Erinnerungsfeiern wie Gedenkgottesdienste Trauerzeichen. In der katholischen Tradition gibt es das Vier- bzw. Sechswochenamt. Es trägt der Erfahrung Rechnung, dass diese Wochen nach dem Eintritt des Todes die Wucht des Verlustes immer deutlicher werden lassen. Die Gedenkgottesdienste sind ein ritueller Ort, an dem das Totengedenken und das Trauern gemeinschaftlich geschehen. Darum kommt auch der Gestaltung dieser Gottesdienste eine Bedeutung zu. Die Trauernden suchen in der Regel keinen besonderen Gottesdienst außerhalb der Gemeindegottesdienste. Umso wichtiger, dass im Rahmen der Gemeindegottesdienste wenigstens mit einigen Worten deutlich wird, dass das Anliegen der Trauer im Totengedenken seinen Platz hat. In der Trauer werden oft auch selbstverständlich geglaubte Glaubenströstungen infrage gestellt. Dann ist das Feiern der Gedenkgottesdienste auch als Stütze zu verstehen, die die Glaubensgemeinschaft dem geben kann, der im Augenblick die Glaubenshoffnung nicht erkennen kann. Glaubensgemeinschaft wird dann zur Trägerin der Hoffnung und des Glaubensvertrauens, das dem Einzelnen verloren gehen kann, obwohl er es sich als Trost sehnlichst wünschte.

Der Gedenkgottesdienst darf auch etwas von der inneren Sicherheit in Anspruch nehmen, den dieses Ritual gibt. Da geht es nicht unbedingt um Inhalte oder Glauben, sondern es wird ein Raum geboten, in der Schmerzzeit noch einmal etwas zu begehen, zu feiern, was dem Toten und dem Hinterbliebenen gehört. Es gibt ein gemeinsam begangenes Erinnern, während draußen schon wieder alles nach »weiter« drängt.

Grabgestaltung

Ein wesentlicher Schritt zur Akzeptanz der Realität ist auch die Grabgestaltung. Die Überlegung, welche Bestattungsform zu wählen ist, das Aussuchen eines Grab- oder Urnenplatzes auf dem Friedhof, die Kreativität, mit der Grabschmuck und Bepflanzung vorgenommen werden können, führt den trauernden Menschen zur Beschäftigung mit der Tatsache, dass der Verstorbene nicht wiederkommt, aber dass man auch nicht nur ohnmächtig und tatenlos zurückblicken muss, sondern vieles zur eigenen Zufriedenheit und paradoxerweise zur Freude für den Toten (das hätte ihm gefallen oder das freut sie) *machen* kann.

Die Grabstätte ist ein Ort, an dem die Erfahrung der Unwiederbringlichkeit stückweise ins Bewusstsein eindringen kann, gleichzeitig aber auch schon eine Stätte der veränderten Begegnung. Sie kann Schnittstelle sein, an der sich schon sehr früh das Verständnis findet, dass der Verlorene einer anderen Daseinsform angehört; andererseits wächst die Ahnung, dass der Zurückgebliebene der Lebensseite zugehörig bleibt und auf dieser noch einiges auf ihn wartet. Das Grab ist der Punkt am Ende des Satzes. Auf dem Grabstein ist buchstäblich in Stein gemeißelt, dass die hiesige Zeit des Verstorbenen beendet ist. Jeder Gang ans Grab bestätigt diese Botschaft, bietet aber gleichzeitig die Möglichkeit, sich an den dort Liegenden zu erinnern, Kontakt aufzunehmen und noch etwas für ihn zu tun. Für viele Hinterbliebene – man betrachte da nur die Lebendigkeit, das Tätigsein und den Austausch von Witwen auf einem Friedhof an einem schönen Sommertag – ist die Pflege des Grabes ein äußeres Zeichen für die Pflege der früheren Beziehung innerhalb des Lebens und der sozialen Bezüge.

In einer Kleinstadt verhandelten Geschwister und Freunde der zwanzigjährigen mit dem Motorrad tödlich verunglückten Paula mit der Friedhofsverwaltung darum, ein Grab für sie zu gestalten, das sich von den anderen Gräbern deutlich unterschied. Nach einem langen Schriftverkehr setzten sie sich durch und gaben Paula das Grab, das sie sich sowohl für sich selbst als auch für die anderen gewünscht hätte. Wenn man heute, drei Jahre nach dem Unfall, seinen Weg über den geordneten Friedhof mit seinen abgezirkelten Kieswegen und den mit Buchsbaumhecken umrandeten Gräbern nimmt, fällt eine quicklebendige Grabstätte ins Auge, auf der sich die Buntheit und Vielfältigkeit des Lebens ein Stelldichein geben. Auf eine Weise, die alles andere als sterbenslangweilig ist, bietet dieses Grab ein Abbild des jungen Menschen, der hier seinen letzten Platz gefunden hat. Inmitten aller möglichen Blumen erhebt sich ein bunt gestrichenes Vogelhaus, daneben steht der aus dem letzten Jahr übriggebliebene Maibaum, der immer wieder neu mit Bändern und Schleifen geschmückt wird. Unter dem Maibaum sitzt der von Wind und Wetter zerzauste Teddybär, eine Flasche mit der Lieblingsmarke Bier und einem übergestülpten Glas ist in die Erde gedrückt. Daneben liegen CD-Hüllen mit der Lieblingsmusik, Lakritztüten, Zettelchen mit Botschaften, Kinokarten und Briefe, alles sorgsam arrangiert. An manchen Sommernachmittagen sieht man junge Leute in Lederkluft am Grab hocken, rauchen, leise miteinander reden, lachen und auch Musik hören. Und offenbar stören sie auch die anderen Besucher nicht, die mit geheimem Stolz oder zumindest freundlicher Nachsicht die besondere Grabstätte in ihrer Nachbarschaft dulden.

Mit der Beschreibung dieser Stätte und des Verhaltens der Freunde sollen gewiss nicht eine Anregung zur Nachahmung oder gar neue Normen vermittelt werden. Manchen Leser mag diese Grabgestaltung sehr extrem anmuten und die Frage aufkommen lassen, wieweit dies noch einem gesunden Trauerverhalten entspricht. Sicher ist hier das Alter der jungen Leute zu berücksichtigen, das sie zu einer zwar sehr außergewöhnlichen, aber für sie selbst stimmigen Darstellung ihrer Trauer führte.

Ist denn das normal? – Von der Schwierigkeit, den Trauerschmerz zu erfahren und zu durchleiden

Ist die Unwiederbringlichkeit erst einmal ins Bewusstsein eingedrungen, wird der Schmerz mit seiner ganzen Heftigkeit den trauernden Menschen erfassen.

Die häufigste Frage, die uns in den Trauerbegleitungen gestellt wird, ist dann oft das angstvolle: »Werde ich nun verrückt?« Das Gewitter der verschiedensten, unter Umständen einander sehr schnell ablösenden Gefühle, das auf den Trauernden einprasselt, verunsichert ihn sehr. Hatte er gerade noch eine wehe Traurigkeit verspürt, erlebt er im nächsten Moment vage Erleichterung, dass dem verlorenen Partner möglicherweise Schlimmeres erspart geblieben ist. Schreibt er heute eine echt empfundene Dankeskarte an die behandelnden Krankenhausärzte für alle Hilfestellung, rast er morgen vielleicht vor Wut über vermutete unterlassene Hilfeleistungen und die Unfähigkeit der Medizin. Wird schon in ruhigeren Lebenstagen der naturgemäß wechselhafte Charakter von Gefühlen nicht als stabilisierend erlebt, verheißt das nun stattfindende Durcheinander den Verlust von Bodenhaftung und Geistesklarheit. Immer wieder neu berührend ist die Erfahrung, wie nur schon das Erlauben dieser Gefühle und das Einordnen ins Normale den Trauernden tief beruhigt. Es gilt für Trauernde und ihre Begleiter zu erkennen, dass alle vorhandenen Gefühle, auch und besonders die gesellschaftlich gemeinhin nicht akzeptierten, allein aus dem Grund angemessen sind, weil sie da sind.

Ein Mann, dessen junge Frau im Sterben liegt, erzählte beim ersten Hausbesuch von der Ungerechtigkeit des Todes. Wenn er in der Nachbarschaft all die gesunden Frauen gleichen Alters sehe, verspüre er gelegentlich so etwas wie Neid. Solche Gedanken kenne er nicht bei sich. Er wisse zwar, dass das nicht richtig sei, und er versuche redlich dagegen anzugehen, aber dass sein alkoholabhängiger Schwiegervater, den niemand mehr so recht um sich haben wolle und der für Familie und Gesellschaft eine große Belastung darstelle, leben dürfe, während seine liebe Frau nun bald gehen müsse, sei einfach nicht gerecht. Solche Gefühle aber seien doch für einen wohlerzogenen Menschen nicht normal.

Es fiel auf, dass er sich beim Reden immer leicht auf den Mund schlug oder hinter der vorgehaltenen Hand sprach. Im Laufe der Besuche des Hospizdienstes ermutigte ihn das Team zu weiteren Äußerungen und zeigte Verständnis für seine Gefühle. Nach dem Tod seiner Frau sagte er in einer Nachbesprechung, nun begreife er, dass er die ganze Zeit vorab schon um seine Frau getrauert habe. Bisher habe er gedacht, er habe nur blinde Wut und Hass verspürt, nun könne er die Gefühle einordnen und annehmen.

Trauernde Menschen dürfen zu ihrer ureigenen Art der Verlustbearbeitung stehen. Gerade die unterdrückten Gefühle, Gedanken, Anklagen bahnen sich ihren unterirdischen, den Ausbruch vorbereitenden Weg und erscheinen dann in ihrer Eruption als nicht mehr angemessen und bezuglos. Trauernde sollten wissen dürfen, dass, wenn auch außen nichts mehr normal ist, wenn auch kein Stein mehr auf dem anderen ist im Trauererleben, sie deswegen noch lange nicht selbst verrückt sind. Ver-rückt ist die Bewertung von Geschehnissen und Begegnungen, nämlich weggerückt von einem früheren Ort, an dem sie stattgefunden haben, weil es diesen früheren Ort nicht mehr gibt. Ihre Gefühle und ihr Verhalten aber sind normal.

Eine weitere Schwierigkeit von Trauer – besonders innerhalb von Trauergruppen – ist der Vergleich des eigenen Erlebens mit fremdem Trauererleben. Verunsichert wird dann manchmal versucht, von anderen Menschen eine Möglichkeit des Trauerumgangs abzugucken. Es liegt auf der Hand, dass dies nur schwerlich gelingen kann, weil man eben nicht dieser andere ist. Eltern geben an ihre Kinder viel zu selten gelungene Trauerstrategien weiter, Trauerverhalten wird nicht mehr erlernt. Es gibt kein Trauermodell, worauf zurückzugreifen ist. Deshalb gibt es häufig kein Vertrauen in einen erworbenen persönlichen Umgang mit Verlust oder Trauererleben.

Seine ureigene Trauer leben

Die Umwelt eines Trauernden äußert häufig nur solange Verständnis für seine Situation, als sich die Trauer in einer Art und Weise zeigt, die die Beziehung und das System nicht gefährden. Man billigt einen Trauerverlauf, der unauffällig, heroisch-still in einem vorbestimmten örtlichen und zeitlichen Rahmen und deutlich fortschreitend stattfindet, das heißt, dessen Ende absehbar ist. Es ist noch sehr deutlich die lobende Haltung der Medien im Ohr, als vor vielen Jahren das Attentat auf John F. Kennedy verübt wurde und seine Witwe in aufrechter Haltung und perfektem Stil der Welt das Gesicht von Tapferkeit zeigte. Schon damals war das erniedrigende Gefühl von Versagen und Fehltrauern so manch anderer Witwe zu ahnen, die sich an diesem Bild messen lassen musste oder maß.

Der Preis der Aufhebung des Trauertabus ist häufig die Forderung, dass, wenn schon Trauer zugelassen wird, sie dann wenigstens in einer vorgegebenen Form abläuft.

Ausufernde Trauer oder auch Trauer, die sich nicht ausdrückt, gilt als nicht richtig. Selbst in gut gemeinten Begleitungen wird häufig gewünscht, dass Trauer ge- und entäußert wird. Wenn das Äußern als wesentliche Hilfe erlebt wird, wenn es wichtig ist, Gefühle und Gedanken über den Verstorbenen und den Tod auszudrücken, kann es erleichternd sein, sich Menschen zu suchen, mit denen dies gelingt. Es ist wichtig zu wissen, wem und wie weit Trauernde sich mitteilen möchten. Hin und wieder erleben sie auch, dass ihnen jemand nicht wirklich anteilnehmend zuhört oder allzu schnell mit einem guten Rat trösten will. Das ist schmerzhaft, aber hier gilt es zu bedenken, dass ihnen auch vor dem Trauerfall nicht immer zugehört worden ist oder sie nicht verstanden wurden. Es gibt aber zudem viele Menschen, die nicht das Bedürfnis haben, sich über das, was sie bewegt, über den Toten, den Tod und die Vielfalt der Erfahrungen und Gefühle in der Trauer auszutauschen. Sie möchten mit all dem lieber in der Stille auf ihre Weise umgehen.

In einer Supervisionsgruppe wird von der Begleitung eines älteren Witwers berichtet, der zwar jede Woche zum festgelegten Termin erscheine, weil der Kaplan seiner Gemeinde ihn dorthin geschickt habe und glaubte, dass es ihm gut tue, über seine Frau, ihr gemeinsames Leben und seinen Verlust zu sprechen. Sein Verhalten während der Stunde lasse aber zunehmend darauf schließen, dass er sich höchst unwohl fühle. Die gutherzige junge Begleiterin schildert, dass er einfach nicht wisse, was er erzählen solle, auch keine Lust habe, seine Gefühle auf Papier zu malen, und ihren Vorschlag, eine Entspannungsübung oder ein Trauerritual durchzuführen, ebenfalls ablehne. Sie sei mit ihrem Latein am Ende. Auf die Frage, ob sie denn je darüber gesprochen hätten, was ihm trotz oder in seiner Trauer gut tue, vermerkte sie: doch, Gartenarbeit.

Sein Weg der Trauerbearbeitung war offensichtlich der Aufenthalt im Freien, das Umgraben der Erde, das Entfernen von Unkraut, das Beschneiden alter Triebe und das Wachsensehen und -lassen neuer Pflänzchen. Bei diesen Tätigkeiten konnte er sich spüren, seinem Schmerz und seiner Hoffnung Ausdruck geben. Im Kontakt mit der Erde war es ihm im wahrsten Sinne des Wortes möglich, den Boden unter seinen Füßen nicht zu verlieren.

Und diese Art Trauerumgang war genug. Er hatte darin seine »Methode« gefunden.

Eine fatale Fehlleistung in der Trauer kann die – zwar gesellschaftlich hoch bewertete – Haltung sein, sich im Griff zu haben, sich im Zaum zu halten. Die dazu passende sprachliche Äußerung heißt: Wie es drinnen aussieht, geht niemanden etwas an.

Zugehörige und Heimbetreuer einer alten Ostpreußin baten um Beratung und Hilfe. Die Achtzigjährige, eine Dame von untadeligem Äußeren, zeige seit einiger Zeit Zeichen einer tiefen depressiven Verstimmung und weine fast unablässig. Niemand wisse warum, auch sie selbst nicht. Die Ergebnisse meiner intensiven Gespräche mit ihr förderten eine verschobene Trauerbiographie zutage. Als Zwanzigjährige habe sie ihren über alles geliebten Vater verloren, aber wie habe sie denn um ihn trauern können, wo er doch einen solch schönen Tod gestorben sei. Seine letzten Worte auf dem Totenbett seien gewesen: »Ja, Jesus, ich komme«, von einem Strahlen seines ganzen Gesichtes begleitet. Später sei ihr Lieblingsbruder gestorben, ein katholischer Priester mit beispielhafter Frömmigkeit und Hingabe an seinen Dienst. Auch er sei sehr gefasst und erwartungsvoll gestorben. Wenn sie um ihn getrauert hätte, hätte sie doch nur ihren Kleinmut und mangelnden Glauben bewiesen. Also habe sie sich auch hier zusammengerissen. Nach viel Erzählen ihrer Zuneigung zu den beiden Männern, der Umstände ihres Sterbens und der Zeit danach gingen ihre Anfälle von Traurigkeit zwar nicht schlagartig weg, verloren aber zunehmend den Schatten der Unerklärlichkeit. Wenn sie nun weine, so sagte sie, habe dies den Charakter von Be-weinen, sie wisse, um wen und was sie weine. Das mache ihr Weinen aushaltbar und erleichternd, vielleicht würde sie dann irgendwann einmal ausgeweint haben.

Trauernde dürfen sich aus dem harten Griff der Kontrolle nehmen. Sie können sich vergegenwärtigen, dass es in dieser Schonzeit nichts gibt, was sie tun müssen, sagen müssen, absolvieren müssen, erledigen müssen. Sie dürfen ihre Antriebslosigkeit leben, dürfen schnell gekränkt sein, müssen nicht auf Mitmenschen zugehen, dürfen Ansprüche äußern und auch unverbindlich sein. Der Trauerprozess bringt es mit sich, dass deutlich unterschieden wird zwischen dem existenziell Wesentlichen im Leben und dem Beiwerk – auf Letzteres muss der Trauernde im Moment keine Rücksicht nehmen, auch wenn es das Sein in einer vom Beiwerk geprägten Umgebung erschwert.

Trauernde müssen in dieser Zeit auch nicht versuchen, ihr verändertes Leben in den Griff zu bekommen. Die sinnvollste Form zu handeln ist nun vielleicht, nicht zu handeln. Sie dürfen ruhig bleiben und verharren. Es gilt, den Status quo zu halten und keine größeren Entscheidungen zu treffen (Hausverkauf, Stellenwechsel, Umzug), wozu sie gelegentlich von Freunden und Familie gedrängt werden.

Wie oft willst du das noch erzählen! –
Was gut tut und was nicht gut tut
Menschen in Trauer berichten häufig von Einsamkeit und Ausschluss aus dem Leben. Der Umgebung – anfangs noch betroffen – fällt es zunehmend schwer zu ertragen, dass es mit der Trauer nicht so schnell weitergeht. »Nun müsste es doch langsam gut sein«, flüs-

tern Zugehörige, Freunde, Kollegen gar nicht mal lieblos hinter der vorgehaltenen Hand nach einem halben Jahr, einem ganzen Jahr. Häufig erlebt der Trauer tragende Mensch, dass es nach dieser Zeit erst richtig oder noch einmal richtig losgeht, fühlt sich gedrängt und einmal mehr nicht wahrgenommen. Eine Reihe von beliebten Redewendungen, hinter denen sich manchmal Doppelbotschaften verbergen können, werden weitergereicht: »Du musst unter Leute« (könnte auch heißen: Da müssen andere her – mir wird es zu viel). »Melde dich, wenn du mich brauchst« (könnte auch heißen: Ich stehe eigentlich nicht zur Verfügung, nur im äußersten Notfall). »Sei froh, dass du XY noch hast« (könnte auch heißen: Reiß dich zusammen). »Anderen geht es noch schlechter« (könnte auch heißen: Du nimmst dich zu wichtig, lässt dich hängen). »Du musst dich ablenken« (könnte auch heißen: Wie oft willst du das noch erzählen? Du nervst).

Wenn diese Sätze von denen, die sie sagen, unbewusst so gemeint sind, wie hier die Übersetzung vermutet, dann spürt der trauernde Mensch intuitiv, dass er sich anderen besser nicht zumutet, weil er als Belastung verstanden wird.

Neben ihrem Schmerz müssen Trauernde auch noch die Ungeduld und das Unverständnis der anderen aushalten.

Eine Mutter von drei Kindern hatte ihr jüngstes durch einen Verkehrsunfall verloren. Sie empfand es als eine Ungeheuerlichkeit, dass sie von ihrer Umgebung immer wieder darauf hingewiesen wurde, dass ihr ja noch zwei Kinder verblieben seien. Eine andere Mutter gab ihr gegenüber sogar in einem Gespräch zu bedenken, dass andere Frauen überhaupt keine Kinder hätten, sie jedoch immerhin zwei. Als dies noch mit dem Hinweis gekrönt wurde, dass sie sich nun in ihrem Verlust nicht hängen lassen dürfe, weil sie doch den beiden Kindern gegenüber eine besondere Verantwortung habe, verstand die junge Mutter, dass das Vermissen gerade dieser Tochter in ihrer Einzigartigkeit nicht verstanden und geteilt wurde, sondern aufgewogen und berechnet. Sie zog sich nun noch mehr zurück.

Trauer verursacht eine besondere Dünnhäutigkeit und innere Verletzlichkeit. Uns werden immer wieder Trostsprüche, Sinnangebote, Ratschläge überliefert, die gemessen an ihrer Wirkung eher an Schläge denn an beruhigende Zuwendung und lindernde Zärtlichkeit denken lassen.

Hintergrund solchen Verhaltens ist meistens gar keine böse Absicht der Umwelt[4], sondern eine grenzenlose Verlegenheit im Umgang mit Leid und häufig sogar der fehlgehende Versuch, besonders hilfreich und wegweisend zu sein. In solchen Hilfsversuchen wird zwar der Zustand der Trauer gesehen, so gut wie nie aber der trauernde Mensch selbst.

Eine sehr lebhafte, alte, wenig an Normen angepasste Witwe erzählte mir, dass sie jüngst auf einem einzigen Einkaufsgang durch die kleine Stadt acht solcher wohlgemeinten Hiebe entgegengenommen habe. Ihre erste Reaktion war, sich die Einkäufe zukünftig von einer Nachbarin besorgen zu lassen. Nachdem ihr dies zu langweilig geworden war, legte sie sich – wie sie sagte – ein »Abweisegesicht« zu, das verhindern sollte, dass Menschen sie ansprachen. Aber auch das befriedigte sie nicht nachhaltig.

Nach weiteren Wochen erzählte sie mir mit viel Schalk in den Augen und nicht wenig Boshaftigkeit, dass sie im kostenlos erscheinenden Wochenblatt der Stadt eine umrandete Anzeige in der Nähe der Todesanzeigen mit ihren Initialen hatte schalten lassen, in der sie folgendes schrieb: »Bevor ihr mir nächstes Mal irgendeinen Trostscheiß sagt, zählt bitte bis drei. Dann sagt, was ihr wirklich auf dem Herzen spürt.«

Es ist unabdingbar zu unterscheiden, wer den anderen in seiner Trauer ernst nimmt und wer nur allgemeine Floskeln von sich gibt, wer die Trauer fördert und wer sie behindert. Trauernde dürfen sehr

---

4 Wir teilen die Meinung mancher Trauerberater und -begleiter, dass es oft genauso oder noch mehr angezeigt wäre, die Umwelt der Trauernden zu beraten als diese selbst. Weniger Unverständnis, weniger unausgesprochene Vorwürfe und mehr Rücksicht würden das zusätzliche Leid mindern.

genau überlegen – und hier ihren Gefühlen folgen –, wen sie in der nächsten Zeit meiden und wen verstärkt aufsuchen. Oft scheidet sich in der Trauerzeit die Spreu vom Weizen. Es wird deutlich, wer im Bekannten- und Freundeskreis einen trauernden Menschen »erträgt« und damit Treue und Zuwendung zeigt oder wer besser aus diesem Kreis verabschiedet oder abgelegt wird, weil sich herausstellt, dass er oder sie den Trauernden nur als heiteren unbeschwerten Menschen um sich haben möchte. Letztere kann man für das weitere Leben getrost meiden und vergessen.

Religion – eine Hilfe in der Trauer?

Viele Trauernde berichten, dass ihnen in dieser schweren Zeit ihr Glaube ein erfahrbarer Halt war. Den Gedanken, dass es später vielleicht ein Wiedersehen im Jenseits geben könnte, beschreiben sie als tröstlich, weil sie so die Ferne des geliebten Menschen als vorübergehend ansehen können. Über einen geistigen Gedankenaustausch und Gebete mit und für den Verstorbenen können sie die Grenzen von hier und dort, Zeit und Ewigkeit, hoffend aufheben und ihre religiöse Eingebundenheit als tragend erleben.

Für viele aber ist diese Erfahrung schwierig oder nicht vorhanden (vgl. dazu den Abschnitt »Lebensfrage ist Gottesfrage«, S. 41 ff.).

In seinem Tagebuch der eigenen Trauer schreibt der Oxfordprofessor und Schriftsteller C. S. Lewis (1991): »Sprecht mir von der Wahrheit der Religion, und ich will Euch gern zuhören. Sprecht mir von der Pflicht der Religion, und ich will Euch unterwürfig zuhören. Aber kommt mir nicht und sprecht von den Tröstungen der Religion, oder ich schöpfe gegen Euch Verdacht, dass Ihr nichts versteht.«

Dass viele Fragen an die Anwesenheit Gottes im Leiden angemessen sind, dazu ermutigen uns selbst biblische Gestalten wie der Ijob des Ersten Testamentes (vgl. auch den Abschnitt »Trauerleiden als Krise des Gottglaubens«, S. 43 ff.). Von Jesus am Kreuz wird dessen Erfahrung der Gottverlassenheit berichtet: »Mein Gott, mein Gott, warum hast du mich verlassen?« (Mt 27,46), betet er klagend-fragend zu dem fernen Gott, dessen Nähe er jetzt nicht erfährt.

Gibt es solche Gebete zu einem Gott auch heute noch angesichts der Leiden, wo Gott endgültig zu schweigen scheint? Wir beschränken uns bei einem Antwortversuch auf einige Aussagen von Elie Wiesel, der in Auschwitz war und überlebte. Er berichtet, dass es in Auschwitz und nach Auschwitz für Menschen grundsätzlich zwei Möglichkeiten des Gebets gibt: Auflehnung gegen Gott, weil sich der Vater im Himmel nicht als so groß, gerecht und gütig erwiesen hat, wie es Gottes Freunde gesagt haben, sowie Beschwörung der Gerechtigkeit und Liebe Gottes von Menschen, die an der Abwesenheit seiner Liebe leiden. »Wenn einer so handelt und redet, dann wird sein Nein zu einem Ja, seine Weigerung zu beten wird selbst zum Gebet« (Wiesel, 1986, S. 41).

Eine Frau schrieb in ihrer Hilflosigkeit einen anklagenden Psalm an Gott, dessen Schluss lautete: »Oh Herr, so nimm mich denn in deine Arme. Bring Licht und Weite mir, erlaube mich mit meiner Angst, mit meinem Schrecken und der Not. […] vielleicht geht Leben weiter; unendlich an der Zahl die Toten, die Trauer türmt sich hoch, doch aus dem Tod erwächst das Leben, und Wind geht hin und her und weiter. Ich will versuchen, mich zu wiegen, und Teil zu sein von Werden und Vergehn.«

Das Erleben der Trauer kann trotz des Schmerzes oder wegen der Schmerzen auch eine Chance für die Religiosität bieten, für eine veränderte, gereifte, erwachsenere Hinwendung zum Göttlichen. Es kann sein, dass es irgendwann nicht mehr um die Vorstellung von Gott geht, sondern um Gott, nicht mehr um die Sehnsucht, wie er sein sollte, sondern um die Andeutung eines Verständnisses, wie er sein könnte. Ein Glauben, der sich auf Gott bezieht, nicht auf das Bild, das man von ihm hat, könnte das frühere, verloren Geglaubte ersetzen. Der Gott, an den der Trauernde vorher zu glauben meinte, hat seine Hoffnungen enttäuscht, seine Pläne durchkreuzt; der Gott, den er nun vor sich hat, ist niemand, der einem etwas »antut«, der »grausam ist«, der »sich erbarmt«, der »gibt, um was man bittet«, oder einem »einfach das Liebste nimmt«, weil dieser Gott so ganz anders ist als der Erdachte, Erwünschte, Erhoffte, weil er oder sie oder es der oder die oder das ganz Andere ist. Das Wort »gut oder böse« in Bezug auf Gott betrifft nur wieder eine Vorstellung. Der Verlust hat mein Bild zerstört, das ich hatte. Und darin liegt die Möglichkeit für eine Bild-lose Begegnung.

Eine junge Frau, die gerade den Kampf um das Überleben ihres Babys aufgegeben und dem Abstellen der Beatmung zugestimmt hatte, sagte mit Blick auf das Kreuz an der Krankenzimmerwand: »Ich bin vielleicht nicht allein in meinem Entsetzen. Auch der Sohn am Kreuz mag entdeckt haben, dass sich sein Bild des Vaters vom tatsächlichen Gott auf erschütternde Weise unterscheidet. Und doch nimmt es Gott nichts von seiner Größe. Und wenn ich ihn auch nicht verstehe, ist Gott doch Gott.«

In der Begleitung gerade religiös gerichteter Fragen geht es nicht darum, Antworten für den Trauernden zu finden und zu geben, eher darum, Antwort zu sein in seinem Suchen nach Nähe und nach einer Beziehung, die diese Fragen aushält. In der Begleitung geben Mitgehende den Raum, in dem Fragen gestellt und möglicherweise eigene Antworten darauf gefunden werden dürfen.

»Das Leben ist durch und durch anders« – Von der Schwierigkeit, eine Welt anzunehmen, in der der verlorene Mensch so sehr fehlt, und sich ihr anzupassen

Auf das wehe Erkennen und An-Erkennen der Unwiederbringlichkeit muss eine lebendige Antwort, eine Lebensantwort gefunden werden, »Wer bin ich jetzt noch?« »Was soll ich tun?« »Wie gehe ich mit dem, was ich erkannt habe, jetzt um?« Annehmen bedeutet keine jubelnde Zustimmung zum Tod des geliebten Menschen, kein heldenhaftes Sichfügen oder Unterwerfen, sondern ein erstes, vielleicht noch sehr tastendes und zögerndes Ja zur gegebenen, so sehr veränderten Lebenssituation zu sprechen. Der trauernde Mensch nimmt sich als Hinterbliebener an, die Situation als die eines allein Zurückgebliebenen. In diesem Annehmen öffnet sich möglicherweise der Weg zu einer neuen Ich-Identität.

Ist es zu Beginn des Trauerprozesses wichtig, den Verlust überhaupt erst wahrzunehmen und im Erleben fühlbar sein zu lassen, so haben wir es zu einem späteren Zeitpunkt mit der großen Anstrengung zu tun, das Leben, das mit dem verlorenen Menschen gefüllt und auf ihn ausgerichtet war, ohne ihn weiterzuleben. Dieses Leben erscheint dem Trauernden hohl und ohne Bezüge, nicht wert, allein durchlebt zu werden. Oft genug fühlt er sich hälftig, nur noch halb anwesend.

Waren die Gedanken und Tätigkeiten vorher auf die Bezugsperson – auf den Menschen, auf den sich der Trauernde in Liebe bezog – gerichtet, so gehen sie nun ins Leere. So viele zur Gewohnheit gewordene Impulse werden vereitelt. So viele Gedanken, Gefühle und Handlungen, die den geliebten Menschen zum Gegenstand hatten, sind ihres Zieles beraubt. Gefühle und Zuwendungen erhalten weder Erwiderung noch Erfüllung. Eine der kostbarsten Erfahrungen, die ein gemeinsam verbrachter Lebenszeitraum mit sich bringt, ist das ständige Anstoßen an etwas sehr Nahes und Vertrautes und doch jederzeit unverkennbar Anderes, Widerstand Leistendes, Hinterfragendes. So sind viele Gefühle, Erkenntnisse, Erlebnisse und Vorstellungen im Leben an die Erfahrungen mit einem anderen Menschen, dem Partner, angekoppelt. Entweder hat man etwas gemeinsam durchlebt oder eigen Erlebtes einander mitgeteilt; schon Mitteilen allein macht Erlebtes und Gedachtes fühlbar, greifbar, dauerhaft, wirklich, ankernd und sichernd.

Nun ist dieser besondere Mensch, der Teilhaber des Lebens, nicht mehr da. Das Leben wird schal, ungespürt, unlebbar. Eine Starre breitet sich aus, die nur durch die Rückkehr des verlorenen Menschen durchbrochen zu werden scheint. Aber diese Rückkehr und die Hoffnung auf das alte Wir ist eine Illusion.

Wo finde ich ihn?

Also macht sich der Trauernde auf, wenn schon nicht mit dem Geliebten, so doch wenigstens an Orte, wo er mit ihm gewesen war oder auf die Erinnerung an ihn stößt, um die Erfahrung des Miteinanderseins und Teilens wieder zu finden und noch einmal zu spüren.

Ehemalige Urlaubsorte werden bereist, gemeinsame Lieblingsstädte und Landschaften von neuem aufgesucht. An all diesen Orten wird die Abwesenheit des Verlorenen noch einmal wie ein Schwerthieb erlebt, gleichzeitig wird aber auch eine Nähe zum Gewesenen als eine Art Anwesenheit wohlig gespürt. Gerade das mögliche Zusammenkommen beider Gefühle grenzt an die Erträglichkeit. Manchmal werden solche realen Orte aber gerade wegen des erwarteten Trennungsschmerzes vermieden.

Dieses Abwehrsystem, das zum Schutz des trauernden Ichs benutzt wird, existiert und funktioniert im Schlaf nicht auf die gleiche Weise wie zu Wachzeiten. Dann können Träume zu solchen Orten werden, in denen die Leidtragenden frei sind, die Gefühle durch ein Szenario zum Ausdruck kommen zu lassen, das hinter Symbolen und Metaphern ihre große Suchsehnsucht aufzeigt. Diese ist in der Lage, ein inniges Treffen zu inszenieren. Die trauerbezogenen Träume haben neben diesem Glückseligkeit herstellenden Wiedersehen auch häufig das Motiv des Entschwindens, Verblassens, Auflösens des Verlorenen zum Inhalt und tragen so deutlich die Handschrift der Wahrheit.

Ein Ort kann sogar der eigene Körper sein, der als Liebhabender und Liebgehabter belebt war und nun einem verlassenen Haus gleicht. Gerade an diesem intimen Ort kann die Süße der Erinnerung sowie die Gnadenlosigkeit der Abwesenheit erlebt werden; in den Momenten des Bedürfnisses nach Sexualität und Zärtlichkeit wird das Erlebnis des Verlustes wieder übermächtig.

Auch Gespräche, in denen der vermisste Mensch so lebendig dargestellt und beschrieben wird, dass er leibhaftig da zu sein scheint, sind solche Orte. Ebenso gemeinsame, nun unterbrochene Pläne und Projekte, in deren Weiterführung sehr viel echte Nähe und Tiefe, über den Tod dauernde Verbundenheit erlebbar wird.

Erfahrungsgemäß eignet sich Musik besonders leicht als Trägerelement dieses Suchens und Findens und der daran gekoppelten schmerzlichen, aber äußerst wichtigen Aufgabe des Sich-wieder-Trennens. Schon die ersten Töne der Lieblingsmelodie, des gemeinsamen Liedes oder Stückes, können die Verbindung und Gemeinschaft unvermittelt herstellen und die entsprechende Empfindung hierzu aufleben lassen. Mit dem Verhallen der Musik klingt auch die Gegenwärtigkeit des Gesuchten wieder langsam aus. In diesem Rhythmus liegt die gesundende Wirkung der Erinnerungsarbeit. Bei dem Verlorenen wieder anzukommen trotz des klaren Wissens, dass dies nicht in der gemeinhin formulierten Definition von Wirklichkeit geschieht, ist mildernd und heilsam.

Als Beispiel hier ein Suchgedicht eines jungen Mannes, der die wichtigsten gemeinsam erlebten Höhepunkte vergangener Zeiten im hinter ihm liegenden Trauerjahr an den allein verlebten Festtagen festmacht und trostvoll erfährt, dass seine Freundin zwar nicht mehr dabei war, dafür aber in den Erfahrungen, Gegenständen, Geschenken *wie* dabei.

Eine Art von Weiterleben nach dem Tod.

Wo warst du?
Wo warst du an meinem Geburtstag?
Wo warst du auf dem Pink-Floyd-Konzert?
Wo warst du auf der Kirmes?
Wo warst du Weihnachten?
Wo warst du im »Ahorn«?
Wo warst du Silvester?
Wo warst du an deinem Geburtstag?
Wo warst du im Skiurlaub?
Wo warst du vor der »Alten Post«?
Wo warst du Ostern?
Wo warst du am 1. Mai?

Wo warst du Pfingsten?
Wo bist du heute?
Du bist die Schuhe, die ich geschenkt bekam,
Du bist die Melodie, die ich nicht vergessen kann,
Du bist der Teddybär, den ich gewonnen hab,
Du bist der Strohstern, den ich ins Fenster hing,
Du bist das Bier, das ich auf dich trank,
Du bist die Rakete, die den ganzen Himmel erhellte,
Du bist die Wunderkerze, die dein Grab bedeckte,
Du bist der Buckel, der aus der Bahn mich warf,
Du bist der Sonnenstrahl, der meine Haut zum ersten
Mal verbrannte,
Du bist der Schokoladenhase, den ich aß,
Du bist der Baum, den auf dein Grab ich stellte,
Du bist das Lied, das aus dem Radio kommt,
Du bist der Rhythmus, der mich am Tanzen hält.

Ken Wilber beschreibt in seinem Buch »Mut und Gnade« (1994) seine Gedanken zum Tod seiner Frau mit dem eindrucksvollen Satz: »Und, Treya, Liebste, ich verspreche, dass ich dich immer und immer und immer wieder finden werde in meinem Herzen als das simple Gewahrsein dessen, was ist.«

Trauernde dürfen ermutigt werden, sich diese Orte, Inseln der Erholung, des Ausruhens und der Linderung inmitten ihrer Einsamkeit selbst auszusuchen oder zu schaffen. Wichtig ist, seinen spezifischen Ort der Begegnung oder mehrere Orte herauszufinden und sich nicht mit von außen vorgeschlagenen, gemeinhin als passende Trauerstätten anerkannten Orten zu begnügen.

Für eine Mutter war das Grab ihres Sohnes der denkbar und fühlbar schlechteste Platz für den Kontakt, sie fürchtete aber das Urteil der Leute, wenn sie den Friedhof nicht regelmäßig aufsuchte. Für einen 85-jährigen Mann dagegen war das Grab der Frau auf lange Jahre hin der Ort, wo er sie fand und mit ihr erzählen konnte, während in dem dreißig Jahre gemeinsam bewohnten Haus das Klingen seiner Seele nicht beantwortet wurde.

Es gibt auch andere, von großer Not gedrängte Suchen nach neuen Verbindungen mit dem geliebten Verstorbenen. Hier sind vor allem sogenannte Kontakte mit dem Jenseits zu nennen, sei es durch ein aufgesuchtes Medium, sei es durch andere Formen wie Tonbandstimmen oder Verrücken von Möbeln. Alle diese Versuche zeigen die verzweifelte Sehnsucht, dem Toten vielleicht noch ein allerletztes Mal zu begegnen oder wenigstens eine winzige Bestätigung für eine andere Daseinsform des geliebten Menschen zu erhalten. Solche Unternehmungen verdienen weder Belächeln noch Entrüstung noch schroffe Besserwisserei. Die Toten doch ruhen zu lassen, ist nicht der passende Ratschlag für das traurige Fahnden, denn diese Ruhe will der Suchende ja gar nicht stören, nur die eigene finden. Gedrängt werden solche Versuche vom sehnsüchtigen Hoffen auf ein Wissen, auf ein Sichersein im Ahnen um das Jenseits.

Ein trauernder Mensch in seiner besonderen Verletzbarkeit läuft Gefahr, in Hände von unseriösen Anbietern zu geraten, die nur Geld verdienen wollen. Auch besteht in solchen Fällen begründeter Anlass zur Sorge, dies immer wiederholen zu wollen und dadurch in Abhängigkeit zu geraten. Deshalb wird verantwortungsvolles Begleiten diesen Wunsch sehr gut verstehen, aber nicht unbedingt zu seiner Erfüllung drängen, aber auch nicht maßregeln, wenn Hinterbliebene solche Kontakte nutzen wollen.

Wie hätte sie es gemacht? – Der verstorbene Mensch als innerer Begleiter und Ratgeber

In der Zeit des Verlangens und Sehnens nach dem hergegebenen Mensch wird die Lücke, die er hinterlassen hat, in Konflikt- und Problemsituationen des Lebens besonders deutlich. In Krisen kann der Trauernde eine Fülle von Ängsten entwickeln, ob er die Zukunft mit all ihren Problemen, der Einsamkeit, der Anpassung an neue Verhältnisse, der finanziellen Sicherung bewältigen wird. In seiner

Hilflosigkeit wendet er sich gedanklich an den Verstorbenen und fragt sich und ihn, wie er in dieser Situation gehandelt hätte. Sich in einer schwierigen und zwiespältigen Lebenslage zu fragen: »Was hätte mein Partner nun getan oder geraten?«, ist völlig berechtigt; der verlorene Partner wird mit den Ansichten und Fähigkeiten, die ihm zugeordnet sind, gewissermaßen zum Leitbild des gemeinsamen Einschätzens und Handelns. So kann er als Stütze und Halt erlebt werden. Obschon er tatsächlich nicht mehr zur Verfügung steht, sind genügend Erinnerungen und Vorstellungen in der gemeinsamen Biographie hinterlassen, die für eine gemeinsame Entscheidungsfindung herangezogen werden können. Solange diese Entscheidung eine aus gemeinsamem Geist getragene ist, die des Hinterbliebenen und die gemutmaßte des toten Menschen, hat dieses Vorgehen etwas Hilfreiches.

Nicht ablösend und damit dem Fortleben als Einzelner hinderlich wäre der Versuch, das Leben genauso fortzuführen, wie es der vermisste Mensch getan hätte.

Einem älteren Witwer fehlt seine Frau so sehr, dass er sich entgegen zu ihren Lebzeiten geäußerter, gegenteiliger, sogar abwertender Ansichten entschließt, in eine Glaubensgemeinschaft einzutreten, die seiner Frau Gemeinschaftsgefühl, Sinn und Hoffnung vermittelt hatte. Er bemüht sich redlich, ihren Platz einzunehmen, besucht regelmäßig die Versammlungsabende und übernimmt eine Reihe von Aufgaben innerhalb der Gruppe. Nach mehr als zwei Jahren scheidet er enttäuscht und im Streit wieder aus der Religionsgemeinschaft aus.

Aus mangelnder Bestimmung und Benennung des eigenen Selbst oder fehlgeleitetem Treueverständnis wird manches Mal eine vollkommene Gleichsetzung mit dem Verlorenen versucht. Man versucht, in dessen Haut zu schlüpfen, sein Leben weiterzuführen. Dies muss aber scheitern, da man zwar möglicherweise Kontakt zum anderen behält und ihn weiter fühlt, aber keinen Kontakt mehr zu sich selbst hat, kein Fühlen seiner selbst erlebt. Das eigene Leben wird weggegeben für die Auferstehung des anderen, was aber keinen Nutzen und keine Wirkung mehr hat.

So sinnvoll es sein kann, mit dem Verstorbenen als früherem Ratgeber in Kontakt zu treten und mit ihm bei mancherlei Fragestellungen ein inneres Zwiegespräch zu führen, so birgt diese Verlebendigung der Beziehung auch große Gefahren.

Eine Mutter von vier Kindern richtet sich im Schlafzimmer des Hauses einen Trauertempel ein, indem sie auf der Kommode und der zweiten Betthälfte zahlreiche Fotos, Gegenstände und Kleidungsstücke des toten Ehemanns anhäuft und in den sie sich mehrere Stunden am Tag zurückzieht. Dort fühlt sie sich ganz nahe beim Verstorbenen und führt Gespräche mit ihm.

Den Rest des Tages verbringt sie zwar mit ihren Kindern und ihren Pflichten, aber »ganz weggetreten« und »als leblose Hülle«, wie die Kinder sie erleben. Sie sehne sich nur danach, sobald wie möglich wieder bei ihrem Mann zu sein und sich im Schlafzimmer einzuschließen.

Diese Witwe spaltet ihr Dasein in zwei Teile: das Leben mit dem Verstorbenen und das Leben ohne ihn. Der Tote wird von der restlichen psychischen Organisation isoliert und führt mit ihr ein eigenes Leben, das mit dem übrigen Denken und Fühlen in keinem Zusammenhang steht. Eine solche Isolierung benötigt scheinbar keine veränderte Umwelt; das Leben scheint ungestört weiterzugehen, während der Hinterbliebene den Verstorbenen für sich behält, ihn hütet und nicht mehr am Leben teilnimmt.

Die Kontaktaufnahme mit dem verlorenen Menschen aber ist ursprünglich ein lebentragendes und -förderndes Anliegen für den Trauernden; die Kraftquelle, die aus dem Kontakt gewonnen werden kann, sollte – wenn auch nur in Anklängen – auch außerhalb des Kontaktes und über ihn hinaus spürbar wirken. Bleiben aber die Bewusstseinszustände getrennt, kann es hilfreich sein, wenn der Trauernde Hilfe erhält, um wieder Anschluss an das Leben zu finden.

Auch ist die Gefahr groß, sich in einer vermeintlich kuscheligen und heimeligen Trauerecke mit dem Verstorbenen als Lebensersatz einzurichten, falls dieser Zustand nicht vorübergeht.

Eine Frau ist fest davon überzeugt, dass ihr seit vielen Jahren verstorbener Mann als Geistkörper immer um sie sei, sie schütze und leite. Sie hatte sich angewöhnt, Zettelchen mit Fragen an ihn in die Zuckerdose im verschlossenen Schrank zu legen. Aus der Stellung der Zuckerdose am nächsten Tag erschloss sie seine Antworten und vertrat die Meinung, dass er so mit ihr in einem engen, wenn auch nichtsprachlichen Austausch stehe und in ihr Leben verantwortlich eingreife.

In einem spiritistischen Ritual bleiben die Energien auf Dauer gebunden, und die Zuordnung zu einer erschwerten Trauer liegt auf der Hand.

Zurecht-rücken des Bildes (Glorifizierung und Bewertung)

Annehmen bedeutet nicht nur die Akzeptanz der Situation als Hinterbliebener. Es bedeutet auch die Realisierung dessen, wie der verstorbene Mensch und wie die Beziehung zueinander wirklich waren.

Illusionen setzen wir Menschen mit großer Fähigkeit dann ein, wenn unlösbare Widersprüche in einer Beziehung, Belastungen und Konflikte in eine erträgliche Bahn gelenkt werden sollen. Sie zeigen sich als Wunschbild, mit dem man sich eine eigene Wirklichkeit, die anders als die belastende ist, herstellt. Solche Bilder zeichnen sich durch große Zähigkeit aus. Eine Form davon ist die Idealisierung, oder auch, noch heftiger, die Glorifizierung. Beides sind Umgangsmöglichkeiten, die uns im Zusammenhang von Trauererleben häufig begegnen.

Frau N., 73 Jahre, kam nach dem Herztod ihres Mannes in die Einzelbegleitung.

Mal um Mal erzählte sie von dem großartigen Mann, klügsten Freund, großherzigsten Partner und liebevollsten Ehemann. Die Gesichtszüge des Verstorbenen auf einem mitgebrachten Foto ließen diese Eigenschaften nicht ohne Weiteres erschließen und nachvollziehen. Jede behutsame Eingabe, ob es nicht auch weniger gute Eigenschaften an ihm gegeben habe, wurde heftig zurückgewiesen. Ein Jahr wurde diese Verherrlichung durchgehalten. Dann kam Frau N. aus einem vierwöchigen Kururlaub zurück. Beim ersten Besuch danach fiel sofort ihr neues Gesicht auf: erleichtert und sehr entschlossen. Schon beim Hinsetzen äußerte sie den Satz, der ihre Situation fortan entscheidend änderte: »Wenn ich's mir recht überlege, so hat mein Otto mich mit dem Haushaltsgeld sehr knapp gehalten.« Als sie sich während ihres Kuraufenthaltes in einem Café entgegen sonstiger Gewohnheiten ein zweites Stück Kuchen genehmigt hatte, war ihr ganz plötzlich die Kleinlichkeit ihres Mannes aufgefallen, der dies früher verhindert hatte, indem er unanfechtbare Regeln von Sparsamkeit und Genügsamkeit aufgestellt hatte.

In der Folge erzählte sie von einer Reihe anderer Vorkommnisse und Eigenschaften ihres Mannes, neben denen sich der zutage getretene Geiz vergleichsweise harmlos ausnahm. Mit diesen Bekenntnissen rückte sie das Bild des Verstorbenen zurecht, sah gleichermaßen gute und schlechte Charaktermerkmale, erkannte auch zunehmend eigene Anteile, und in dem Maße, wie sie vom Idealbild Abstand nahm, gewann sie neues Interesse und vertiefte Teilhabe am Leben.

Die Idealisierung ist eine auf einen anderen Menschen gerichtete Form der positiven Illusion, die dazu dient, das Schwanken zwischen widersprüchlichen Gefühlen unter Kontrolle zu halten und die Schattenseiten des anderen zu vergolden.

Wie einleitend schon ausgeführt wurde, ist die Bewertung des Verlustes von entscheidender Bedeutung, um sich im weiteren Leben ohne den Verstorbenen zurechtzufinden. Zu Beginn einer Trauerreaktion mag die einseitige Auswahl positiver Erinnerungen (über den Toten nichts als Gutes sagen) dem Wunsch entspringen, dem Verstorbenen eine öffentliche Ehrung zuteil werden zu lassen.

Auch ist zu bedenken, dass es in den Erinnerungen nicht nur um die des verlorenen Menschen geht, sondern auch um die, die sich auf die eigenen Konflikte und Beziehungsfragen des Hinterbliebenen richten. Wenn der trauernde Mensch hier keine vorläufige positive Auswahl träfe, liefe er Gefahr, zusätzlich zu den tiefen Gefühlen der Verlassenheit von anderen Gefühlen überwältigt zu werden. So helfen vorübergehende Idealisierung und Glorifizierung auch dem Selbstwertgefühl des Trauernden. Stolz auf den Verlorenen sein zu können, stärkt die Sicherheit des geschwächten Ichs, die nun so dringend benötigt wird.

Eine dauernde Glorifizierung erschwert aber den Trauerverlauf. Diese erhöhende Beziehung beeinträchtigt die lebendige Beziehung zum Toten, denn sie meint ihn nicht wirklich, sondern das Bild von ihm. Je mehr der Verlorene aufgewertet wird, umso größer ist natürlich der Verlust, der mit seinem Fortgang eingetreten ist, umso uneinnehmbarer bleibt sein Platz für andere. Der Zurückgebliebene überzeichnet den Verlorenen als Halbgott und verarmt selbst. Die partnerleere Wirklichkeit lässt im Moment keine Erfahrung der Korrektur zu. Das Ideal setzt dann einen Maßstab, der dem Trauernden dauernd Gelegenheit gibt, sich selbst einzuschüchtern, seine Mangelhaftigkeit darzustellen, sich und andere herabzusetzen, sein Ich zu verkleinern und zu schwächen. Die Verkennung der Wirklichkeit stärkt auch den Zusammenhalt mit dem Verstorbenen oder Verlorenen in einer Weise, die abkapselt und alle(s) andere(n) ausschließt.

Bleibende Verherrlichung ist nicht selten Folge der Ambivalenz, die zwischen dem Verstorbenen und dem Hinterbliebenen bestanden hat. Es ist die Verleugnung der verdrängten Abneigung, die punktuell in jeder Liebesbeziehung auftritt und sein darf, hier aber nie zugestanden, geschweige denn ausgedrückt oder gar aufgearbeitet worden ist.

Eine Fünfzigjährige Frau kommt zur Beratung, weil die 92-jährige Mutter, mit der sie eine fesselnd-abhängige Beziehung lebt, im Sterben liegt. Nach dem Tod des Vaters hatte sie 18 Jahre im Ehebett der Eltern geschlafen, Hand in Hand mit der Mutter, um diese zu trösten. Im therapeutischen Gespräch auftauchende Vermutungen, dass die auffallend extreme Panik, die sie beim Gedanken an den bevorstehenden Tod der Mutter erfasste, verkappte, nicht eingestandene Aggressionen und Todeswünsche seien, lehnt sie natürlich ab. Im Laufe der Therapie berichtet sie von Asthmaanfällen, die in dieser Zeit erstmals auftraten und sie jahrzehntelang (nur nachts) quälten. Auf Wunsch der Beraterin gibt sie dem Asthma einen Namen (»Frau Bedrohlich«) und nimmt Kontakt mit ihr auf. In dieser Arbeit erkennt sie, dass ihr das Asthma auch behilflich war, Gefühle zu leben (Einengung, Verlust von Lebensqualität, nicht mehr selbst zum Zuge zu kommen), die sie sich in der Beziehung zur Mutter konsequent versagte, da sie diese ja nur liebe. Eine Hausaufgabe im Laufe der nächsten Woche, nur einmal die kleinen und kleinsten Aversionen zu spüren, die sie der Mutter gegenüber hegte, offenbarte ihr nie erlaubte Gefühle von Ärger und Hass. Indem sie diese im geschützten Raum zunehmend äußerte, erleichterte sie sich und leistete nun im großen Maße vorgezogene Trauerarbeit.

Jede Zerstörung von Illusionen löst zunächst einmal Ängste aus. Der bisher sichere Boden der Vorstellung vom anderen wird verlassen. Das führt dazu, dass alles versucht wird, die alte Ordnung wiederherzustellen. Dies ist in der großen Irritation eines Trauer tragenden Lebens nur allzu verständlich. Und doch: In Trennungsdramen verhindert dieses gut nachvollziehbare Festhalten an dem, was war, manchmal den gesamten Prozess des Trauerns, so auch später einmal eine mögliche Versöhnung mit dem Wirklichen, das gewesen war. Wenn es am Ende eines Trauerprozesses um das »Ver-Innern« des Verlorenen geht, wenn ihm im Leben des Hinterbliebenen ein neuer Platz gegeben wird, dann ist es von Bedeutung, dass es der wirkliche Mensch ist, der er war. Vielleicht heißt dies, den Menschen, den man betrauert, noch einmal in einem neuen Licht zu sehen, ihm vielleicht noch einmal ganz neu zu begegnen und ihm entgegenkommend und liebevoll sein So-gewesen-Sein zuzugestehen. Vielleicht bekommt auch die Liebe an dieser Stelle noch einmal die Möglichkeit einer Hellsicht und Unbedingtheit, die sogar größer als zu Lebzeiten ist.

Begleitung hat hier die Aufgabe, vorsichtige Äußerungen zu anderen als nur guten Charaktereigenschaften ohne Erschrecken oder Verweis anzunehmen und deutlich zu machen, dass sie kein Verrat am anderen Menschen sind. Begleitung kann auf diesen Großmut als Leistung des Hinterbliebenen und sein letztes Geschenk hinweisen.

Zum Zurechtrücken dessen, was der andere war, gehört auch, negative Idealisierungen, Verdammungen zurechtzurücken. Bei totaler Abwertung des Partners nach Trennung und Scheidung werden auch die frühen positiven Erfahrungen geleugnet. Als erster Schritt nach einer Trennung mag dies genauso sinnvoll sein wie die Glorifizierung nach dem Tod, weil es das Losreißen aus einer luftabschnürenden Umklammerung ermöglicht. Sehr hilfreich jedoch ist, wenn später die Erfahrung und das Eingeständnis hinzukommen, dass nicht alles in der Beziehung unter die brandmarkende und verwünschende Sichtweise zusammengedrängt werden darf und auch die eigenen Anteile, die zum Scheitern führten, angenommen werden dürfen. Auch der nicht mehr geliebte Mensch hat ein Anrecht auf Wirklichkeit und Vollständigkeit in der Erinnerung des anderen. Und der Zurückgebliebene darf sich zugestehen, sich nicht nur als denjenigen einschätzen zu müssen, der in der Partnerwahl einen Fehler gemacht hat. Das, was einmal zwischen beiden war, darf einen eigenen Platz bekommen, der einen eigenen Segen verdient und nicht auf dem Altar der dauerhaften Abwertung geopfert werden muss. Es geht nicht um Beschönigung, sondern um Zurechtrücken eines Bildes vom anderen, um einen gerechten Rückblick.

In solchen belasteten Partnerschaften wissen Hinterbliebene manchmal gar nicht mehr, was sie betrauern. Sie sind der Meinung, da sei nichts mehr, das bedacht, befühlt, verschmerzt werden müsse, es gebe nur die Erleichterung, dass es vorüber sei. Diese Erleichterung darf sein, darf laut ausgesprochen werden, gehört nicht moralisch hinterfragt. Dennoch ist vom Trauernden und auch vom Begleiter nicht zu glauben, dass die Lösung aus dieser Beziehung schmerzlos und ohne Wehen sei. Gerade die feindselige Tönung eines solchen Voneinandergehens macht das Trauern oft noch mühsamer. Hinzu kommt, dass es Erlebnisse, Begegnungen mit dem anderen aus der gemeinsamen Zeit gibt, die man nicht in sein weiteres Leben mit hineinnehmen will. Wut, Empörung und Unterstellung spielen dann eine wichtigere Rolle als Gram und Schmerz. Auch bleibt der eigentliche Anlass der Trauer verschwommen und unklar. Neben dem Verlust eines Menschen durch Tod oder Weggehen wird das Scheitern eines Lebenskonzeptes betrauert, das Zerbrechen von Zusammenhalt, gemeinsamer Sorge und Familienleben.

Auch kann es Schuldgefühle geben, eben nicht zu trauern, »wie es sich gehört«. Hier gilt es, in der Begleitung feinfühlig auseinanderzuhalten, was die Trauer um die (vermeintlich) nicht vorhandene Trauer ist, wo Enttäuschung und Ursachenzuschreibung das Gesicht des Trauerns tragen und wo es Bestandteile der Beziehung und der gemeinsamen Erfahrung gibt, die im Folgeleben eine Unterkunft haben dürfen. Die frühere Bindung muss nicht abgeschnitten oder uminterpretiert werden, die Kränkungen dürfen mitgeteilt werden. Die warmen, kaum noch erinnerten Anteile des vormals Gewesenen müssen nicht schamhaft verschwiegen, zu einem möglicherweise erhöhten Engagement beispielsweise für die Kinder oder schnell zu einer neuen Partnerschaft führen, sondern dürfen auch zugelassen und benannt werden.

Eine ihm angemessene Ansicht des verlorenen oder zu verlierenden Menschen hat nicht nur die reinigende Wirkung des Abreagierens, sondern ist zugleich verbunden mit einer Korrektur, Erweiterung und Freilegung der Selbsterkenntnis. Diese Selbsterkenntnis führt dann wieder zu einem stärkeren Selbstbezug, der Voraussetzung für den neuen Weltbezug ist.

Die »mehrgleisige« Trauer

Ein junger Mann bittet um einen Gesprächstermin, weil er glaubt, dass mit ihm »etwas nicht stimmt«. Nach dem kürzlichen Tod seines Vaters, eines anerkannten Politikers, empfinde er nur sehr vage und diffuse Gefühle, alles sei wie in einem Nebel. Er habe seinen Vater zwar gemocht, nehme ihm aber einen früheren Seitensprung noch sehr übel, bei dem er ihn in einem Hotelzimmer ertappt habe. Er habe diese Entdeckung zwar niemandem mitgeteilt, aber die Familie und vor allem die Mutter hätten es geahnt und sehr lange darunter gelitten.

Die anderen würden nun aber intensiv um den Vater trauern, nur er spüre so gut wie nichts. Er beneide die anderen um ihre Trauer.

Wenn wir an anderer Stelle davon sprachen, dass es notwendig sei, die Gesamtheit der Gefühle überhaupt erst einmal zustimmend zur Kenntnis zu nehmen und im Rahmen des Möglichen auf diesem Gefühlsboden zu agieren, so kann es zu einem späteren Zeitpunkt hilfreich sein, miteinander verwobene Gefühlsstränge voneinander zu trennen und ihnen gesondert und je einzeln nachzugehen. Ist es schon schwierig genug, schnell aufeinander folgende Emotionen spontan oder willentlich auszuhalten, so kann es tief verwirrend und fast nicht mehr handhabbar sein, miteinander vermischte Empfindungen zu ertragen.

Wir haben es in der einen Trauer um jemanden – besonders in der um Eltern und Partner, viel seltener in der um Kinder – häufig mit dem Problem mehrerer Trauerstränge zu tun. Einmal trauern wir – und das ist es, was wir üblicherweise unter Trauer verstehen – um den wirklichen Menschen, den wir verloren haben, um den, der er wirklich war.

Sehr häufig betrauern wir im gleichen Abschied aber auch den, den wir uns in dieser Person gewünscht hätten. Beides zu vermischen bringt Verwirrung und lässt zuweilen überhaupt nichts mehr spüren. Beide Trauerstränge brauchen ihren jeweils eigenen Ausdruck, ihre eigene Bearbeitung, manchmal sogar ihren eigenen Ort.

Nach einigen Gesprächen miteinander, in denen es um seine große Enttäuschung dem Vater gegenüber ging, begann der junge Mann zu schreiben. In zahlreichen Briefen an den Verstorbenen entäußerte er an ihn seine Missbilligung, seine Verachtung und seine Trauer, dass das Vaterbild seinen Vorbildcharakter verloren habe und ins Wanken geraten sei wie ein zerbröckelndes Denkmal.

Gleichzeitig schrieb er aber auch zwei sehr poetische Märchen über einen König, der weise, umsichtig und geschickt sein weites Land regierte. In diesen Erzählungen gelang es ihm, wenn auch in märchenhafter Form, etwas vom Vater aus der frühen Kindheit hinüberzuretten, was er vermisste und betrauern konnte.

Eine Not kann dieses Phänomen der Mehrgleisigkeit auch bei Trennung und Scheidung sein. Auch wenn die Trennung als erwünschte und einzige Lösung einer sich dem Ende zuneigenden Beziehung erlebt wird, bleibt bei beiden oft ein Gefühl von Versagthaben und Wehmut. Einerseits gibt es die Erleichterung, nun getrennte Wege gehen zu können, andererseits bleibt der leise Schmerz um das, was von der Begeisterung, Leichtigkeit und Zuversicht des Anfangs übrig geblieben ist. Hier sollte auch nicht das Trauergefühl zugunsten des Befreiungsgefühls geopfert oder vertuscht werden müssen. Es ist eine sehr anspruchsvolle Aufgabe, hier die Ambivalenz der Beziehung von der Trauer um ein Lebenskonzept abzukoppeln und einzeln zu betrachten.

Auch in dem so komplexen und verhüllt-leidvollen Bereich des Schwangerschaftsabbruchs wird von Zugehörigen, Beratern und Begleitern eine solche Mehrgleisigkeit von Trauer erlebt und beschrieben. Trotz der Kürze, Verwissenschaftlichung und Routine des Eingriffs, trotz der distanzierenden und gefühlsvermeidenden Begrifflichkeiten (»Schwangerschaftsunterbrechung« – so als würde sie anschließend fortgeführt; »Schwangerschaftsgewebe« – so als wäre hier noch nicht der ganz kleine Mensch angelegt), erfahren viele Frauen direkt oder verspätet in schmerzlicher Tiefe viele verschiedene Trauerstränge gleichzeitig:

– die Trauer um das Ungeborene;
– die Trauer um eine nicht tragende Partnerschaft;
– die Trauer um ihr Bild von sich selbst;
– die Trauer um Lebensentwürfe;
– die Trauer um einen Hoffnungsträger;
– die Trauer um das Beugen vor der Wirklichkeit;

- die Trauer um die entstandene Leere
- und viele Trauern mehr.

Die Beratungsstellen haben hier die Aufgabe, sich diesen seelischen Vorgängen umfänglich zu widmen und der Trauer sowohl von Müttern als auch von ihren Ärzten durch weiterführende Angebote zu begegnen.

Was hat der Verstorbene in meinem Leben übernommen, was ich selbst übernehmen kann?

Eine Schwierigkeit, mit der Lücke, die der Verlust hinterlassen hat, umzugehen, liegt ganz banal auch in den Widrigkeiten des Alltagsgeschehens. Nicht nur der Ehemann ist verloren, sondern auch der Scheckausfüller, der Schneeschipper, der Verdiener, der Einkäufer, der Reparierer, der Briefeschreiber, der Theaterkartenbesorger, der Witzeerzähler, der Lacher, der Geschenkeeinkäufer, der Vorleser, der Frühstücksbereiter, der Transporteur und vieles mehr. Im Laufe des Trauerprozesses empfinden Hinterbliebene diese Wandlung und Mühsal in ihrem Leben als unbequem. Sie denken zum ersten Mal nicht mehr nur an den Verstorbenen als Gegenstand ihrer Liebe, sondern auch zunehmend an sich selbst.

Eine Witwe erzählt: »Monatelang habe ich darüber gegrübelt, wo er nun wohl sei und wie es ihm ergehe. Meine Gedanken und meine Sorge waren noch immer um ihn, nach der langen Zeit der Pflege fühlte ich mich immer noch für seinen Zustand verantwortlich. In diesem kalten Winter hatte ich die Phantasie, dass er in seinem Grab frieren könne, hätte ihm am liebsten einen warmen Mantel und Decken nachgeschickt. Eines Morgens war das plötzlich anders: Ich schaute aus dem Fenster, sah den vielen nicht weggeräumten Schnee vor der Garage, und unversehens fing ich an, mir leid zu tun. Ich stand vor der Frage, rufe ich meinen Sohn an oder versuche ich selbst, den Schnee fortzuschaufeln. Als ich nach zwei Stunden fertig war, fühlte ich mich bombig: Das war geschafft!«

An diese besondere Greifbarkeit des Verlustes schließt sich eine besonders greifbare Aufgabe an: schrittweise das zu erlernen und zu übernehmen, was der andere im vorausgesetzten oder gemeinsam festgezurrten Rollenverständnis für mich getan hat.

Wenn der Hinterbliebene darauf verzichtet, einen Ersatz für die entleerte Rolle außerhalb zu suchen, sondern diesen Teilplatz selbst einnimmt und spürt, dass er sich auf sich verlassen kann, hat dies einen sehr pragmatischen Wert für das Leben ohne den anderen. Das Selbertun holt den Hinterbliebenen zurück in das Leben. Es zeitigt eine zunehmende Lebenskraft, wachsendes Selbstvertrauen und eröffnet damit einen Zugang zu einem weiteren, selbstständigen Lebensabschnitt.

In Partnerschaften ist es nicht selten, dass der andere wie eine Leinwand für eigene Lebensanteile herhält bzw. herhalten muss. Das wird selten ausgesprochen, ergibt sich dafür aber anscheinend wie von selbst: Am anderen entdecken wir verschiedenste Charakterzüge, sehen wir Liebenswürdigkeit, Zartheit, Einfühlungsvermögen, aber auch Eigenschaften, die wir schlecht ertragen: Jemand ist pedantisch, nicht zu fassen, rechthaberisch, zwanghaft aufbrausend, kontrollierend, kaltschnäuzig, aufdeckend, erbarmungslos klar, wehleidig. Unzählige Eigenschaften ließen sich anführen, denn alles, was menschenmöglich ist, kann auf einen anderen Menschen wie Bilder auf eine Leinwand geworfen werden. Das Erstaunliche dabei: Die Eigenschaften, die wir da im anderen sehen, mögen vielleicht auch zu ihm gehören, aber in der Art, wie wir sie hassen oder besonders lieben, meinen wir damit eigentlich auch unsere ganz eigenen Eigenschaften. Gerade die unangenehmen davon mögen wir nicht gern an uns selbst anschauen und werfen sie daher lieber einem anderen Menschen über. Bei Menschen, die intensiv zusammen sind, geschieht diese Übertragung sehr häufig.

Im Trauerprozess spielt auch eine Rolle, nach und nach beim Blick auf das Leben des Toten das eigene Gesicht darin wiederzuentdecken und von ihm zu trennen: Was mich an ihm ärgerte, das waren nicht nur seine bestimmten Eigenschaften. Das waren auch meine eigenen Wesenszüge, meine Kontrollsucht, meine Zwanghaftigkeit, meine Rechthaberei, meine erbarmungslose Klarheit, meine Überlegenheit, meine Wehleidigkeit, mein Aufbrausen, mein Zurschaustellen usw. Hier nehmen die Trauernden dann wieder zu sich, was schon immer zu ihnen gehörte. Dies ist ein reinigendes Geschehen in der Auseinandersetzung mit dem Toten. Dies bedeutet aber auch, dass der Trauernde wieder mehr sich selbst spürt, seine Eigen- und Einzigartigkeit, die sich lösen kann vom Bild des Verlorenen. Das Gedenken an den Verstorbenen wird wieder ein Stück wirklicher, dadurch wieder ein Stück tragender.

Eine Frau Ende Fünfzig hat ein strenges, vorwurfsvolles Leben geführt, hat kaum genießen können, hat ihren Unmut in Kontrolle, in Wehleidigkeit und missmutige Grundstimmung gebracht. Nach bald dreißig Ehejahren sei die Ehe geschieden worden. Sie selbst erzählte von sich als einer warmherzigen, einfühlsamen, am Leiden stark gewordenen Frau. Ihr Mann hingegen sei – bei allem Respekt – ein schwieriger Mann gewesen, habe die Kinder und sie kontrolliert, sei über Unregelmäßigkeiten verärgert gewesen, wehleidig in Krankheit und wenig einfühlsam, wenn sie selbst sich krank fühlte. Sie habe ihm wegen dieser mangelnden Einfühlung öfter Vorwürfe gemacht, die er aber – wie nicht anders zu erwarten – kalt und erbarmungslos gescheit abgewimmelt habe, so dass sie sich letztlich immer wieder unverstanden zurückgezogen habe. Schließlich sei nichts anderes als Trennung übrig geblieben. Neben diesem kalten Mann habe sie nicht leben können. Im therapeutischen Blick in einen Spiegel entwarf sie ein Bild ihrer eigenen Eigenschaften und erschrak, wie viel von dem, was sie auf ihren Mann geworfen hatte, zu ihr selbst gehörte. Diese Erkenntnis war ihr sehr wichtig geworden, um auch nach der Trennung den Respekt vor ihrem Mann und dem, was einmal ihre Liebe begründet hatte, bewahren zu können. Für sie selbst war dieser Blick auf sich heilsam, um gnädiger mit sich und anderen Menschen umgehen zu lernen.

Und immer wieder holt der Schmerz mich ein

»Heute Abend ist wieder die ganze Hölle frischer Trauer los; die rasenden Worte, der bittere Groll, das Flattern im Magen, der Albtraum vom Nichts, das Suhlen in Tränen. Immer wieder taucht man auf, aber immer kehrt es wieder. Um und um« (Lewis, 1991).

In der Zeit der Erinnerung, des Suchens und Findens, im Prozess der Trauer öffnet sich die Hinwendung zum Leben ohne die körperliche Anwesenheit des Toten. Dieser Teil des Trauerlebens ist bestimmt von Erinnerung, von Suchen und Finden und wieder Verabschieden des Toten. In diesem Prozess mehren sich die Stunden der Ruhe und Erleichterung. Die Trauer ist dann immer noch von tiefer Wehmut getränkt, aber häufig schon mit dem Licht des Durchkommens am Horizont. Umso erschreckender ist, wenn die Trauer unvermutet plötzlich wieder zugreift, zum Beispiel besonders an Gedenktagen, Festen, Geburtstagen. Es ist dem Trauernden, als gäbe es keine genutzte Zeit dazwischen, kein Fortschreiten in der Trauer, keine Entwicklung von Umgangsmöglichkeiten mit ihr. Es ist ihm, als sei alles wie am ersten Tag. Das aber ist ein Trugschluss: An manchen Stellen ihres Weges verspüren trauernde Menschen noch nicht oder nicht mehr, wie weit sie schon gegangen sind und welche Aufgaben sie auf diesem Weg schon hinter sich gebracht haben. Der Name des Verstorbenen kann wieder genannt werden, ohne dass die Stimme bricht. Der Satz: »seit er tot ist«, traut sich ausgesprochen und zu Ende gesprochen zu werden und versiegt nicht hinter dem Wort »seit«. Die sorgsam weggeräumten Kondolenzbriefe können aus der Schublade geholt und noch einmal gelesen werden. Das Fotoalbum kann mit den Kindern angeschaut werden, wenn auch die Augen nass werden. Es können Ereignisse aus dem gemeinsamen Leben erzählt werden, schwere wie leichte, traurige wie lustige, ohne dass man im Entsetzen verstummt. Das Sterbezimmer kann betreten werden, ohne dass einen ein kalter Hauch erfasst. Die Hausschuhe unterm Bett können beim Saubermachen leicht verschoben werden, ohne dass es einem wie Frevel vorkommt. Diese Entwicklungen sind den Begleitenden oder Außenstehenden meist eher erkenntlich als den Trauernden selbst. Der Blick der Trauernden ist manches Mal so sehr auf ihre große Trauer gerichtet, dass die vielen kleinen Entwicklungsschritte in ihr nicht wahrgenommen werden können, weil bei der Rückschau das geleistete Wegstück hinter den vielen Biegungen verborgen liegt.

So mancher Trauernde stellt sich resignierend die Frage: »Bewege ich mich denn nicht nur im Kreis?« In diesem Zweifel wird eine Erfahrung von Trauer deutlich beschrieben: Alle Gefühle wiederholen sich, immer wieder muss man sie neu durchstehen. Mit der Zeit – und daran erweist es sich, dass in diesem Prozess das Bild der Spirale ein treffenderes ist als das des Kreises – weiß man, dass diese schweren Phasen wie Wehen vorübergehen, dass auch Phasen relativen Wohlbefindens sich wieder Raum verschaffen.

In dieser Zeit scheint es besonders wichtig, sich selbst, oder durch Begleitung vermittelt, diese Spiralförmigkeit und Entwicklung im Trauerschreiten deutlich zu machen. Es ist nicht wieder bei Null anzufangen, auch wenn es sich so anfühlt.

Der andere Aspekt ist, dass die Möglichkeit, diesen tiefen Trauerschmerz immer wieder neu zu spüren, die Voraussetzung dafür ist, auch wieder einmal tiefe Freude zu spüren. Trauer ist sozusagen die andere Seite der Münze. Es ist derselbe Brunnen, der oft von Tränen angefüllt ist, aus dem auch das Lachen unvermutet wie eine Fontäne aufsteigen kann.

»Ist nicht der Becher, der euren Wein enthält, dasselbe Gefäß, das im Ofen des Töpfers gebrannt wurde?
Ist nicht die Laute, die euren Geist besänftigt, dasselbe Holz, das mit Messern ausgehöhlt wurde?
Wahrhaftig wie die Schalen einer Waage hängt ihr zwischen eurem Leid und eurer Freude.
Nur wenn ihr leer seid, steht ihr still und im Gleichgewicht. Wenn der Schatzhalter euch hochhebt, um sein Gold und Silber zu wiegen, muss entweder eure Freude oder Leid steigen oder fallen« (Gibran, 1994).

Das Spitze, Schrille, Jähe, Wehe des Trauerschmerzes wird mit der Zeit schwächer und ebbt ab. Die Trauer selbst aber ist ein Stück Lebenserfahrung geworden und hört nicht auf, darf nicht aufhören, weil das Ende von Trauerempfinden das Ende von Empfinden überhaupt bedeutete. Vielleicht wird dieser Gedanke das erneute Auftauchen eines heftigen Trauergefühls wenn schon nicht gerade willkommen heißen, so ihm doch die seelische Tür öffnen und es wertschätzend begrüßen.

Das »Recht« auf Glück? – Was mutet mir dieses Leben nur zu!
Ein Mann meldet sich bei mir am Telefon zur Beratung an. Er erzählt kurz, dass ihm nun schon zum zweiten Mal eine Partnerin »weggestorben« sei und er nicht mehr zurechtkomme. »Das tut sehr weh«, versuche ich mich einzufühlen. »Ja«, antwortet er, »aber noch mehr bin ich empört, empört darüber, was mir dieses Leben da zumutet!«

Als wir uns später gegenübersitzen, wiederholt er dieses Gefühl mehrfach und ist bemüht, es mir zu erklären. »Wissen Sie, es ist irgendwie eine Unverschämtheit vom Schicksal, mich derart herzunehmen, so mit mir umzugehen. Das habe ich nicht verdient, ich habe doch ein Recht auf Glück! Jeder hat das.«

Menschen in einer Verlustsituation leiden nicht nur an der Unmöglichkeit, die Beziehung zum verlorenen Menschen in der bisher gekannten Weise wiederherzustellen, nicht nur an der Schwierigkeit, den Part des anderen mit zu übernehmen. Oft leiden sie auch darunter, dass das Leben ihnen so mitspielt, dass sie ihre Rolle und ihren Platz im Leben und in ihrem Verhältnis zu diesem Leben nicht mehr kennen oder nicht mehr innehaben. Irgendwann einmal war dieser Platz sicher und geborgen. Man empfand, dass es das Leben gut mit einem meinte, dass einem nichts zuwider geschehen könne, und leitete daraus eine Selbstverständlichkeit, manchmal fast ein Gewohnheitsrecht ab. Das Arkadien des Lebens schien heiter und wohlgeordnet. Dann schlug das Schicksal zu, nun war nicht nur der geliebte Mensch verloren, nun waren auch die Geborgenheit und das In-der-Welt-heimisch-Sein verloren. Das wird dann neben dem eigentlichen Verlust als zweite klaffende Wunde erlebt. Gleichzeitig schmerzt die Unfähigkeit, von sich aus das Vertrauen in die Welt und das Leben, das solches tut, wiederherzustellen. Das Glück, in der Welt verwurzelt zu sein, ist verloren. Glück ist hier gemeint als Wesenserfüllung und somit Ziel des menschlichen Lebens; es zeigt sich auch als Besitz von Gütern, Tugenden, Erkenntnissen und/oder im Genuss der Lust. Den Entwürfen guten Lebens ist demnach gemeinsam, dass sie ein Glückskonzept beinhalten, mit dessen Umsetzung die Frage nach dem Sinn des Lebens und die Hoffnung auf ein im Ganzen gelungenes Dasein verknüpft wird.

Das Streben nach Glück scheint zum Menschen unabtrennbar hinzuzugehören. Man kann auf dieses oder jenes Glück verzichten, weil etwas anderes oder wichtigeres dagegensteht, aber man kann nicht auf Glück schlechthin verzichten.

Wenn trauernde Menschen mit dem Glücksnehmer hadern – ob er Schicksal, Leben, Gott oder höhere Macht oder noch ganz anders genannt wird – und ihr Glück einklagen, so steckt dahinter verborgen ein tiefer kindlicher Glaube, dass es etwas Größeres gibt als man selbst: Es *muss* eine Instanz geben, die solche Rechte garantiert. Sie sorgt für ihre Durchsetzung. Zuwiderhandlungen belegt sie mit Strafen. Nur so ist nachvollziehbar, dass von Rechten die Rede sein kann. Der trauernde Mensch macht sich in seinem Aufbegehren, seiner Wut, seinem fußauftretenden Trotz wahrscheinlich nicht bewusst, dass dieses Fordern seine Wurzel gleichsam im Widerstand gegen und im Anerkennen von einer höheren Macht hat. Auch wenn man dieser Macht zürnt, so kann sich dahinter dennoch ein Ausdruck von Glauben verbergen. Ein Ausdruck von Glauben und Hoffnung, sogar von Vertrauen, auf diese Ordnung gesetzt zu haben – und es im Aufbäumen und Stirnbieten wohl immer noch zu tun, denn diese Haltungen setzen auf ein Gegenüber, das Einsicht zeigt. Für Menschen mit lebensbedrohendem Verlust ist es ein Kämpfen um dieses vermeintliche Recht auf Glück – und ebenso die Resignation, niemanden zu haben, der seine Klage annähme und reuig die Selbstverständlichkeit des Lebensglücks wieder einsetzte. Ein Recht auf Glück ist in Ermangelung eines solchen verfügbaren und willfährigen Garanten nicht einklagbar. Seine Behauptung kann aber auch neben energischem Lebenswillen von einem nach wie vor vorhandenen, wenn auch enttäuschtem Glauben an eine Art Gerechtigkeit und Verteilungsökonomie zeugen.

Zugehörige und Begleiter hören diese Forderung und weisen sie nicht zurecht, schicken sie nicht ins Unsinnige und belehren sie nicht eines Besseren – als habe man nun endlich zu respektieren, dass wir einer höheren Macht unterstehen, wie immer sie heißen möge; so als sei der Verlust eine Pädagogik des Lebens, sich dieser Eitelkeit eines Rechts auf Glück bewusst zu sein. Eine unterstützende Umgebung erkennt in diesem Schmerz des verlorenen Glücks auch die starke Kraft und den verborgenen, dringlichen Lebenswunsch. Begleitung hört das Aufbegehren als vielleicht anrührenden Versuch, die so sicher und zustehend geglaubte Ordnung wiederherzustellen. Damit verbunden ist auch der Wusch, den vermuteten Träger und verantwortlich Handhabenden einer solchen Ordnung anzusprechen, auf sich aufmerksam zu machen und zur Änderung zu bewegen. C. S. Lewis nennt dies dem Himmel »gründlich die Meinung sagen« (Lewis, 1991, S. 56). Das Rütteln an der Tür lebt vom Glauben, dass jemand dahinter öffnet. Begleitung weist vielleicht zart auf den hinter der Forderung zu vermutenden Glauben hin und würdigt ihn als das Leben und die Trauer mittragend.

Später kann es vielleicht das Anliegen der Begleitung sein zu verdeutlichen, dass sich das nicht garantierbare Recht auf Glück in ein Recht auf Glückschancen verwandeln kann. Es wird zu einem Recht, diese wahrzunehmen und umzusetzen, ein Recht auf ein Streben nach Glück, auch im Weh des Verlustes, auch im Schmerz des Zurückgebliebenseins. Aber das ist erst viel später denkbar, denn zunächst ist die Klage um das Recht auf Glück Ausdruck des tiefen Schmerzes über das Verlorene.

Der Tod oder der Verlust eines geliebten Menschen kann auch als eine Auseinandersetzung mit dem eigenen Gesamtlebenskonzept gesehen werden, als Überprüfung dessen, was trägt und hält im Leben. Fast wie von selbst wird mit dem Verhältnis zum Verstorbenen das Verhältnis zur Welt geprüft. Ein gebrochenes Weltverständnis kann auch das Verständnis dessen verstellen, was im Trauerprozess vor sich geht. Und umgekehrt.

Die Frage eines Menschen, auch eines nicht religiös ausgerichteten Menschen, nach dem Recht auf Glück erweist sich bei näherem Hinschauen als die dringlich, mit einem gewissen Trotz gestellte Frage nach dem Lebenssinn und der Sinnhaftigkeit der Schöpfung. Sie stellt die bisherigen Vorstellungen und Bilder vehement infrage. Die Wirklichkeit der Trauer ist bilderstürmerisch. Und darin liegt auch ihre Chance.

Leichthin wird von der Chance des Trauerns gesprochen und davon, dass am Ende eines akuten Trauerprozesses vertiefte Weltsicht und Reifung stehen können.

Was erhält denn ein trauernder Mensch, der sich Monate, Jahre dem Schmerz seines Verlustes stellt, am Ende, sodass das Sprechen von Chance gerechtfertigt wäre? Worin könnte ein Teil der Reife, des Gewachsenseins liegen?

Der Trauerprozess gewinnt aus der schmerzlichen Erfahrung. Er gewinnt die Einsicht, dass es keinen Sinn hat, nach Glück zu verlangen, nicht nur deshalb, weil es illusionär ist. Das Wollen – nicht das schöpferische, sondern das begehrende Wollen – selbst wird als die Quelle allen Leidens und des Unglücks erkannt. Es wird dann vielleicht ahnungsweise verstanden, dass der Glaube an das Glück das Leiden am Defizitären verschärft. Das Glück wird ent-täuscht und lässt den Menschen an der Vergeblichkeit seines Strebens nach dauerhaftem Glück verzweifeln. Es ist ein unendlich weiter Prozess, bis der Sinn des Verzichtes auf das »Wollen« erkennbar wird. Entschädigt wird der auf das heftige Wollen Verzichtende durch eine neue, realistische Sicht der Welt und des Lebens. Die Welt kommt ihm nun nicht mehr wie ein verhindertes Paradies vor, sondern als das, was sie ist. »Was einer in sich ist und an sich hat, kurz: die Persönlichkeit und deren Wert ist das einzig Unmittelbare zu seinem Glück und Wohlsein« (Schopenhauer, 1999, S. 35 ff.).

Das große Glück als ein mit manchen kleinen Glücken durchsetztes, geschenktes Leben zu begreifen, in dem auch die Leidmomente ihre Daseinsberechtigung haben, ist möglicherweise eine dankbare Einsicht, die am Ende eines akuten Trauerprozesses stehen kann.

»Sagtet Ihr jemals Ja zu einer Lust? Oh, meine Freunde, so sagtet Ihr Ja zu allem Wehe«, beschreibt Nietzsche (1980, S. 402) die naturbedingte Balance und den ständigen Wechsel von Schmerz und Freude, Leid und Glück.[5]

Eine in Trauer befindliche Frau drückte ihre tief empfundene Einsicht in den Lauf der Weltendinge nach vielen Monaten heftigen Haderns mit dem Schicksal einmal so aus: »Ich glaube, ich habe etwas verstanden. Wenn man für Vögel ist, ihnen ein gutes Leben wünscht, ist man gegen Würmer. Und wenn man für die Rechte der Katzen einträte, würde man den Mäusen gegenüber nicht gerecht sein. Es kann nicht jeder das Gleiche haben zu jeder Zeit. Das Leben ist nun mal nicht fair. Aber jeder hat darin seine Möglichkeiten. Und bei mir waren das Hoffen auf Fairness und Warten auf Glück Methoden, das eigene Leben nicht selbst steuern zu wollen. Das soll nun anders werden.«

---

5 Im Buch »Schöne neue Welt« (1932) von Aldous Huxley gibt es eine ergreifende Szene, in der der »Wilde« ein Recht auf Unglück fordert. Das Unglück ist der Preis, mit dem man Augenblicke des Glücks bezahlt. Aber der Globus ist zur schönen neuen Welt geworden, in dem Glück öffentlich zugeteilt wird wie ein Arbeitsplatz und eine Essensration. Der Wilde aber versteht unter Glück etwas, auf das man seine persönlichen Sehnsüchte richtet und sein eigenes Streben.

Es wird alles wieder gut, aber nie wieder wie vorher – Von der Schwierigkeit, das neue Leben zu gestalten und dem verlorenen Menschen einen anderen Platz darin zu geben und die Bindung an ihn in neuer Weise fortzusetzen

Im Umgang mit Trauernden und Trauer hören und lesen wir immer wieder vom Ende des Trauerprozesses, von seiner »Verarbeitung«.

Bei aller Skepsis gegenüber solchen End- und Vollendungsphantasien erleben wir in der Begleitung von Menschen nach einer langen und intensiven Zeit des seelischen Winters, nach Stillstand und Kreisen um den Verlust, ein Aufbrechen von Interessen, Neigungen, Kontaktversuchen, ein Sich-wieder-nach-außen-Wenden, ein ganz vorsichtig formuliertes Planen. War die bisherige Zeit im Wesentlichen vom Blick auf den Verlust geprägt und vom Vergangenen bestimmt, beginnt nun der tastende Versuch, im gegenwärtigen Leben wieder Fuß zu fassen und das Augenmerk sogar auf eine Zukunft zu richten. Der Trauernde gewinnt wieder ein Gefühl von Form und Inhalt der Realität und erhält sich selbst als Person zurück. In dem Maße, wie er wieder zu sich kommt, kann er sich auch vermehrt anderen Menschen wieder zuwenden und ins Leben hinaustreten. Das brüchig gewordene Selbst gewinnt wieder an Festigkeit und an Eigenständigkeit.

Wenn uns von einer Witwe erzählt wird, dass sie am Vorabend zum ersten Mal nach einem Jahr wieder mitbekommen habe, was im Fernsehen lief, obwohl der Apparat jeden Abend eingeschaltet war, oder ein Student berichtet, an diesem Morgen habe ihm erstmals das Frühstücksei wieder geschmeckt, dann wissen wir Begleiter, dass nun die Zeit gekommen ist, in der wir uns nicht mehr wöchentlich oder im zweiwöchentlichen Rhythmus treffen müssen, sondern Verabredungen im Abstand von ein, zwei oder mehr Monaten genügen. Das heißt aber nicht, dass alles überstanden ist. In dieser Zeit langsamer, vorsichtiger Lebensfreude tauchen noch Krisen auf, die das Erholen rückgängig machen wollen. Eine solche Krise kann durch die Vorstellung hervorgerufen sein, dass das Leben nach dem durchlaufenen Trauerprozess wieder so wie vorher würde. Dass es nach einer Unterbrechung weiterginge, dass man nach einer Auszeit der Trauer den Lebensfaden wieder dort aufnähme, wo man ihn niedergelegt hatte. Dieser Faden aber findet keine altgewohnte Fortsetzung. Das Leben danach wird nie mehr so sein wie das Leben davor, aber es wird wieder Leben sein, ein neues, eigenständiges.

Ein Trauernder vergleicht diese Seelenlage mit dem Zustand nach der Amputation eines Beines. Die Amputation überstanden zu haben, hieße lediglich, dass der wilde, ständige Schmerz im entzündeten Bein aufhöre und der Stumpf langsam heile, und dass der Operierte seine Kraft wiedergewänne und Krücken oder Prothesen zu nutzen lerne. Er könne wieder leidlich laufen, wahrscheinlich aber werde von Zeit zu Zeit die Narbe oder auch das verlorene Bein phantomhaft schmerzen, und er werde für den Rest des Lebens einbeinig bleiben. Das heißt, bei allen Verrichtungen des täglichen Lebens werden seine Bewegungen, seine Lebensweise und somit alles verändert sein. Das Leben könne wieder reich und voll sein, aber ein Zweibeiner würde er nie mehr.

Alte Lebensfähigkeiten und -muster greifen nicht mehr, neue müssen für ein verändertes Leben erlernt werden. Auch der Trauernde ist nicht mehr der alte Mensch, sondern wie ein Fahrender, der sich in der Fremde der Trauer aufgehalten hat, nun neue Sichten und Erfahrungen im Gepäck trägt und bei der Rückkehr in die Heimat diese und sich gewandelt erlebt. In der alten Heimat, in der alles anders geworden scheint, muss er sich nun neu niederlassen und sich eine neue Bleibe schaffen.

Treuebruch?

Sich diese neue Bleibe im Leben willentlich ohne den Verlorenen einzurichten, bringt manchem Trauernden Gewissenslast. In gewissem Sinne fühlt er sich besser, und damit stellt sich oft neben der Erleichterung eine Art Scham ein und das Gefühl, er habe irgendwie die Pflicht, sein Unglück zu schüren und zu verlängern. Es tauchen vielleicht Gedanken auf wie: Stirbt der Verstorbene nicht ein zweites Mal, wenn ich ihn aus meinem Leben entlasse? Wenn ich das Lösen vollziehe, das mir als unabdingbare Voraussetzung für einen neuen Lebens- und Weltbezug genannt wird, verstoße ich ihn damit aus meinem Herzen? Und habe ich ihm nicht Beständigkeit im Andenken über den Tod hinaus versprochen, ihm in meiner Bedrängnis und in einem Besänftigungsangebot an das Schicksal noch am Sterbebett unvergängliche Treue geschworen?

Die Angst vor dem Vergessen belastet viele Trauernde. Auf Todesanzeigen versprechen sie dem Verstorbenen Weiterleben, weil er unvergessen in ihrem Herzen wohne, erkennen aber nach einiger Zeit, dass mittlerweile nur noch wenige oder keine Bilder der Erinnerung mehr zur Verfügung stehen. Es wird schwer, sich das Gesicht des Verstorbenen vorzustellen, sich seine Stimme und Gestik zu vergegenwärtigen.

In einer Liebesbeziehung zwischen Lebenden ist das Wiedersehen und -hören immer wieder ein Quell der Freude, es bestätigt und belebt das vage Erinnerte und nährt die Zeit ohne den anderen. Nach dem Tod ist die Unmöglichkeit der Auffrischung erschreckend, erscheint als Verrat und Unerträglichkeit.

Die Bilder, in denen das Wesen eines Menschen aufgehoben und bewahrt wird, sind verwischt oder weggerutscht, sind der »Nacht der Bildlosigkeit« (Spiegel, 1989, S. 178 ff.) anheimgefallen.

Dies einem Verrat oder Treuebruch zuzuordnen, hängt damit zusammen, dass der Begriff der Ablösung missverstanden und ihm eine Bedeutung zugeordnet wird, die er nicht meint. Der trauernde Mensch glaubt – und es wird ihm von außen nur allzu häufig vermittelt –, nun müsse er sich endgültig trennen vom anderen, ihn abreißen von sich und seinem weiteren Leben. Das will er nicht und kann es somit auch nicht.

Vom Unsinn des Loslassens

Einer Vorbereitungsgruppe für Hospizhelfer wird vom Träger ein eintägiges Seminar zur Trauer angeboten. In der Gruppe fällt mir eine circa fünfzigjährige Frau auf, die sich besonders und bewusst abseits hält. Sie hört zwar intensiv und konzentriert zu, äußert sich aber nicht und meidet in allen Pausen die anderen Gruppenmitglieder. Am späten Nachmittag fallen in der Gruppe hospizlich-verklärte Redensarten: abschiedlich leben; man müsse den Verlustschmerz umwandeln; man müsse jeden Tag neu loslassen; man dürfe nicht an den Toten festhalten, sogar mit beschwörendem Unterton: sonst fänden sie keine Ruhe.

Die Gruppe ist sich einig und schwelgt in Trauerlösungsphantasien. Ich höre zu und warte ab, dass die Teilnehmerinnen von allein wieder auf den Boden des Tatsächlichen und des Mitgefühls zurückfinden. Als ich aber bemerke, wie sich die Frau heftig zu kratzen beginnt, als fühle sie sich in ihrer Haut nicht wohl und den wilden Schmerz in ihren Augen wahrnehme, unterbreche ich und gehe in Opposition: Man habe nicht nur die Erlaubnis, seine Toten und Verlorenen zu behalten, sondern man dürfe sie in sich hineinnehmen wie eine Speise, wie ein Lebens-Mittel ins eigene Leben aufnehmen. Da löst sich die Starre, und die Frau beginnt heftig zu weinen.

Freudentränen, wie sie später erklärt. Seit einem Jahr, so erzählt sie, höre sie diese Loslass-Ideologie und die durchaus gut gemeinten Ratschläge der anderen. Seit einem Jahr habe sie das Gefühl, dass etwas an ihr nicht in Ordnung und dass sie unfähig sei, weil sie ihren vor vier Jahren verstorbenen Jungen eben nicht loslassen wolle. Sie habe ihn ans Krankenhaus, an die Ärzte, an den letztlich siegreichen Krebs und zuallerletzt an den Tod abgeben müssen, aber im Herzen wolle sie ihn behalten, ein Leben lang. Zum ersten Mal fühle sie sich nun bestätigt und erleichtert.

Ich erinnere mich an ihren hocherhobenen Kopf und ihre vom Weinen geröteten, aber blitzenden Augen, mit denen sie in die Runde blickte: »Seht ihr, ich mache es richtig. Und ich habe die Erlaubnis dazu.«

Das Wort »Loslassen« in der Trauerbegleitung sollte höchst behutsam, wenn überhaupt, gebraucht werden.

Loslösen[6] heißt also mitnichten Auslöschen oder vorsätzliches Vergessen. Loslösen auf dem Trauerweg bedeutet, eine Beziehung zum Verlorenen herzustellen, die in des Wortes doppelter Bedeutung gelöst und gelassen ist.

Lassen heißt in unserem Sinn dann zulassen: den Schmerz ansehen, den der Tod und die Trennung mit sich brachte, und sich nicht gegen ihn wehren. Sich weinen lassen. Das Vermissen, die Einsamkeit, die Fragen nach dem Warum zulassen. Den Schmerz dasein lassen. Die Welt verändert sein lassen. Den verlorenen Menschen Teil von etwas Größerem sein lassen.

Halten dagegen heißt nicht klammern, sondern ihn nicht einfach so weggehen lassen, als hätte er mir nie etwas bedeutet. Eine tiefere Art, den anderen zu halten, meint, ihm einen neuen Platz in meinem Leben zuzuweisen. Es heißt vielleicht auch, von nun an der Welt zu geben, was ich ihm gegeben habe.

Vielleicht kann man als Weiterentwicklung des Wortes erinnern das Wort ver-innern nehmen. Bei diesem Ver-innern geht es um das Unabhängigwerden von äußeren Versatzstücken. In vielen kleinen Schritten wird der Trauernde beginnen, die Person, die er verloren hat, in sich selbst wieder aufzubauen, zu verinnerlichen.

Sehr zart wird dies in dem italienischen Kinderbuch »Matti und der Großvater« (Piumini, 1994, S. 86) geschildert:

Mattis Großvater liegt im Sterben. In seiner Phantasie unternimmt Matti mit dem Großvater einen letzten Spaziergang zwischen Tag und Traum, in dessen Verlauf der Großvater immer kleiner wird, so klein, bis Matti ihn am Schluss durch die Nasenlöcher einatmet. Das Buch endet mit folgenden Sätzen: »Ich habe einen kleinen Trick angewandt, Matti. Ich habe dich tief Luft holen lassen, um in dich hineinzukommen. Wenn

---

6 Das sich aus dem Wort »lohe« (zum Gerben verwendete Rinde) entwickelte Wort meint »Gelockertes« und verbindet zunächst mit der Silbe »los« nur den Gedanken, dass etwas ohne die Fülle und enge Anbindung von und mit etwas und jemandem geschieht. Interessanterweise hat es als Verbzusatz eine ermutigende Komponente: Losgehen verheißt Aufbruch, Weg, Entwicklung.

ich dir gesagt hätte, du solltest mich in den Mund nehmen, hättest du es, glaube ich, nicht getan, oder es wäre dir jedenfalls unangenehm gewesen.« »Dann bist du jetzt in mir drinnen?« »Ja.« »Und das ist deine Stimme?« »Ja, aber die hörst jetzt nur noch du.« »Und wie geht's dir, Großvater?« »Ausgezeichnet, Matti. Ein Junge ist ein wunderbarer Ort zum Wohnen.«

Einen Menschen erinnern, denkt an ihn in der Vergangenheit. Einen Menschen verinnern, nimmt ihn mit in die Zukunft.

Chronischer Schmerz

Ein zwölfjähriger Junge entwickelte ein halbes Jahr nach dem Unfalltod seines Bruders eine rheumatische Arthritis, die äußerst schmerzhaft war. Er schimpfte über diese Krankheit und wollte sie unbedingt loswerden. Sie hindere ihn am Fußballspielen und am Skateboard-Fahren auf der Domplatte, halte ihn von den Kameraden fern und fessele ihn ans Haus. Er war wütend über dieses »Handicap«.

Nachdem der Junge einige Wochen lang in die Beratungsstelle gekommen war und Zutrauen zu seinem Begleiter gefasst hatte, machten sie eines Nachmittags wie schon öfter zuvor ein Sandspiel, indem der Junge kleine Figuren auswählte, sie mit Rollen belegte und in einer von ihm gewählten Anordnung im Sand aufstellte. Es fiel auf, dass der jüngst verstorbene Bruder nie innerhalb der Personenkonstellation vorkam, wohingegen ein früher verstorbener Großvater und eine Lehrerin, die in eine andere Stadt gezogen war, regelmäßig mit aufgestellt wurden.

Als der Junge gefragt wurde, ob Entzündungen und Schmerz nicht auch irgendeinen Nutzen haben könnten und wobei ihm der dauernde Schmerz helfe, brach es mit der ganzen Kraft der Kindheit aus ihm heraus: Solange er diese Schmerzen habe, sei er mit dem toten Bruder verbunden und habe doch wenigstens etwas, das ihn nicht vergessen und abstumpfen ließ. Außerdem fand er heraus, dass er so – ohne Sport – den Eltern die Angst erspare, auch ihn zu verlieren.

In der Familie des Jungen war seit dem Todesfall über den Bruder nicht mehr gemeinsam gesprochen worden. Vater und Mutter trugen ihre Trauer jeder für sich und still, auch im Freundeskreis wurde der tote Junge nicht mehr erwähnt, aus Angst, dem hinterbliebenen Bruder weh zu tun. Dieser fürchtete nun das Vergessen und entsann mit einem großen unbewussten Kunstgriff eine Möglichkeit, ihn zu behalten: im chronischen Schmerz. Sein Schmerz ließ ihn ausdrücken: »Ich fühle schmerzlich; ich bin durch den Tod tief verletzt.« Hatte er auch den Bruder nicht mehr, so hatte er doch den Schmerz um ihn.

So wie sich die seelischen Traueräußerungen in körperliche Begleiterscheinungen und Erkrankungen umsetzen können (chronisches Erbrechen, Kolitis, Anorexie, Migräne, Ohnmachtsanfälle, Atemnot, Asthma, Infektionen, Krebs, Diabetes) und damit die Verbundenheit über den Schmerz erhalten und dem Vergessen entgegenwirken wollen, können sich Trauernde auch der Zufriedenheit und den glücklichen Momenten in ihrem Leben versagen. Sie fürchten, dass das Empfinden von Freude und Erfüllung einem Auslöschen der Erinnerung an den Toten gleichkäme. Sie glauben, sie müssten sich den dauernden Schmerz um ihn bewahren, und sehen keine Möglichkeit, den Verlorenen auf andere Weise als über körperlichen oder seelischen Schmerz ins eigene Leben hineinzuretten.

Ein fünfzigjähriger Mann lebte nach früh erfolgter Scheidung und dem dramatischen Krebstod des Sohnes allein. Auffallend waren trotz der schmerzlichen und von Schuldgefühlen geprägten Trauer (er hatte als erfolgreicher Arzt und begabter Therapeut dem Sohn nicht helfen können) sein Charme, seine Freundlichkeit, seine Fähigkeit, sehr leicht mit Menschen in Kontakt zu kommen und besonders zu Frauen eine intensive und intime Beziehung aufzubauen. Genauso auffallend war aber auch die Tatsache, dass er diese Beziehungen sehr schnell und immer auf sein Betreiben beendete. Im Freundeskreis war sein Donjuanismus schon vielfach bewundert und geflügelter Begriff. Auch Umzüge in die Häuser seiner Geliebten, die Aufgabe von Jobs und Freundeskreis hinderten ihn nicht, die Beziehung nach relativ kurzer

Zeit völlig abzubrechen. Angesprochen darauf, offenbarte er in einem vertraulichen Gespräch, dass er sich einfach nicht gestatten könne, glücklich zu sein, wenn sein Sohn im Grab liege.

Diese Art von Festhalten am Verstorbenen steht der Entscheidung zum Leben entgegen. Im Wiederholen von Schmerz und Verbieten von Glück liegt die Gefahr, dass sich die Traueräußerung verselbstständigt und vom Ursprung löst, sodass nach geraumer Zeit die Verbindung zur ursprünglichen Absicht – mit dem Verlorenen in Kontakt zu bleiben – abhanden geht. Dieser bezuglose Schmerz aber kann ein Indikator für aufgeschobene oder versteinerte Trauer sein, die jede Entwicklung zu einem Neubeginn strikt leugnet und ablehnt.

»Helft alle, groß und klein,
mit Trost mich aufzurichten!
Trost such ich mir zu Pein,
Trost, um ihn zu vernichten.
Das sei mein Trost allein:
untröstlich will ich seyn.«
(Friedrich Rückert, Kindertotenlieder, 1988, S. 204 f.)

Meinen wir den Gleichen? – Von der Verschiedensichtlichkeit und Ungleichzeitigkeit der Trauer

Man sollte meinen, dass Menschen, die einen gemeinsamen Zugehörigen verloren haben, sich gegenseitig besonders liebevolle und verlässliche Stütze in der Trauer geben können, weil sie einander näher rücken und sich ihre Erinnerungen mitteilen können. Das Gegenteil ist häufig der Fall. Über die vereinzelte Trauer, die nicht mitgeteilt und geteilt wird, entsteht eine Atmosphäre der Vereinsamung und des Sich-auseinander-Schweigens.

Familienmitglieder rücken voneinander weg, der gemeinsam Verlorene wird nicht gemeinsam betrauert. Dem gleichen Verlust folgt offensichtlich nicht die gleiche Trauer. Die Lücke in der Mitte wird zum Familienabgrund, häufig verbunden mit Familienlügen und familiären Schweigeabkommen.

Die Erzählung eines jungen Kaplans ist in lebhafter Erinnerung, dessen Familie nach dem Tod des Vaters durch das Testament erfuhr, dass dieser lange Jahre eine Geliebte gehabt hatte. In stillschweigendem Übereinkommen entschloss man sich, diesen schwarzen Fleck in der Familienbiographie zu vertuschen. Durch die gemeinsame Abmachung, nie mehr darüber zu sprechen, wurden der Vater und seine Lebensgeschichte zum Mythos, an den niemand rührte. Da es zu gefährlich war, über das Familienoberhaupt zu sprechen, weil man in die Nähe dieses »Makels« hätte geraten können, sprach man gar nicht mehr. Es blieben kleine Kinder zurück, die nur eine diffuse Vorstellung hatten, dass da etwas nicht stimmte, ältere Kinder, die mit der Mutter koalierten (Vater hat Unrecht getan) oder sich gegen die Mutter stellten (man wird ihm in der Rückschau nicht gerecht). Die Familienmitglieder gingen schließlich vollends getrennte Wege.

Diese Familie zerbrach sicherlich nicht zuletzt an ihrer Trauer, weil sie sich auf kein einheitliches Bild des Verstorbenen einigen konnte, dies aber missverständlich als zu leistende Aufgabe sah. Eine solche Übereinstimmung im Ansehen des Verstorbenen ist aber sicher nur ein Wunschdenken und der Sehnsucht nach stärkendem Zusammenschluss zuzuordnen. Da aber das Verlusterleben aus der persönlichen Anlage und Beziehung zum verlorenen Menschen erwächst und sich die Trauer daraus speist, ergibt es sich von allein, dass auch nur ein sehr persönliches Bild von ihm betrauert werden kann und kein Kollektivbild. In der Billigung der verschiedenen Sichtweisen könnten Familienmitglieder oder Freunde sich voneinander so abgrenzen, dass jeder unbehelligt seinen ganz persönlichen Trauerweg gehen kann. In dieser Abgrenzung, dem Zulassen der »anderen Brille« und dem nicht das eigene Bild einfordernden Austausch darüber liegt das Wesen eines bergenden und schützenden Beistandes für eine Familie oder einen Freundeskreis.

Sehr fasziniert hat mich die Trauerbegleitung von zwei jungen Frauen, die ungefähr zum gleichen Zeitpunkt in die Beratung kamen, weil beide ihre Mutter an Krebs verloren hatten. Ich erinnere mich, die Duplizität dieser Ereignisse spannend gefunden zu haben, weil beide Frauen unabhängig voneinander erzählten, sie könnten sich mit ihrer Schwester nicht über die Mutter unterhalten, weil sie verschiedene Ansichten über deren Charakter und Lebensart hätten und darüber immer in Streit gerieten.

Die Mutter der einen war eine strenge unnahbare Frau gewesen, die ihre Tochter kontrolliert und beherrscht hatte. Die Mutter der anderen Frau, eine 55-Jährige namens Laura, wurde als lebhaft, nicht an gängige Normen angepasst geschildert, die allem Neuen gegenüber aufgeschlossen, gelegentlich in Herzensdingen etwas leichtfertig schien, ihre Tochter als Vertraute ansah und dieser sehr zugewandt war.

Nach einigen Wochen der Einzelgespräche überlegte ich gerade, ob ich die beiden Frauen zu meiner, aber auch ihrer gegenseitigen Entlastung nicht miteinander bekannt machen könnte, damit sie ihr Schicksal einander mitteilen und teilen könnten, als auch der Vorname der ersten Mutter fiel: Laura.

Mir fiel es wie Schuppen von den Augen, dass unabhängig voneinander beide Schwestern in die Trauerberatung gekommen waren. Nach einiger Verblüffung bei der vergleichenden Lektüre meiner Aufzeichnungen zu den jeweiligen Gesprächen entschied ich mich für folgenden Weg:

In der nächsten Sitzung gab ich der jüngeren Tochter einen Tonbarren und bat sie, das Gesicht der Mutter in die eine Seite zu modellieren. Nachdem später diese Seite mit einem Tuch abgedeckt worden war, forderte ich auch die zweite Tochter auf, das Gleiche mit der anderen Seite zu tun.

Zum nächsten Termin lud ich sie auf die gleiche Uhrzeit ein. Noch heute denke ich mit Dankbarkeit an die Stunde, in der beide Schwestern, lachend und weinend zugleich, vor dem getöpferten Januskopf der Mutter saßen und begriffen, dass es zwar verschiedene Seiten waren, aber dennoch die eine Mutter, und dass es in dem Trennenden letztlich auch viel Verbindendes gab.

Eine andere Schwierigkeit in der Trauer um denselben Menschen liegt in der Vorstellung, dass man zeitlich parallel trauern, sozusagen Schritt für Schritt gemeinsam auf dem Trauerweg voranschreiten könne.

Das Erleben der Ungleichzeitigkeit von Verlustarbeit ist ein ebenso stark verunsicherndes Moment wie die geschlechts-, alters-, und rollenbedingten Trauerstile der jeweiligen Familienmitglieder. Der eher passive, auf das Zulassen von Gefühlen bedachte und Unterstützung suchende Stil von Frauen und der eher auf aktive Problemlösung und auf Spannungsabbau hinarbeitende handlungsorientierte Trauerstil von Männern enthüllt ein erhebliches Konfliktpotenzial. Die Partner fühlen sich voneinander im Stich gelassen, ja sogar verraten. Sie ziehen sich zurück, was nur den Schmerz und die Vereinsamung erhöht in einer Situation, wo gerade gegenseitige Zuwendung und Unterstützung lebensnotwendig sind, wo sie in einem Zustand tiefster Verwundbarkeit und äußerster Hilflosigkeit aufeinander angewiesen sind.

Auf diesen Boden von entfremdendem Missverstehen und Argwohn und den ausgesprochenen oder nur gedachten Vorhaltungen, der andere trauere »falsch« oder gar nicht, haben Trauerbegleiter – nicht nur professionelle – die Aufgabe der Übersetzung. Manchmal ist es schon hilfreich, überhaupt darauf hinzuweisen, dass die Ungleichzeitigkeit in der gemeinsamen Trauer um Denselben sehr oft so ist und daher kein Grund zur zusätzlichen Sorge besteht.

Ihre Funktion ist es so manches Mal, die verschiedenen Trauerstile und Trauerabläufe in die Sprache und Welt des jeweils anderen zu übertragen.

Wenn es richtig ist, dass sich Trauer in Phasen und Wellen vollzieht, dann liegt es auf der Hand, dass diese Phasen bei mehreren trauernden Personen nicht parallel ablaufen können. Begleitung in einer Familie könnte zum Beispiel bedeuten, einer trauernden Tochter zu erklären: »Schauen Sie, wo Ihre Mutter jetzt im Trauerverlauf steht, da haben Sie sich vor einigen Monaten auch schon einmal aufgehalten, als Sie so voller Zorn darüber sprachen, dass

Ihr Vater Sie im Stich gelassen hat. Sie sind nun an einer anderen Stelle, nicht unbedingt weiter, wo Sie versuchen, mit seiner Melodie in sich weiterzuleben. Vielleicht treffen Sie Ihre Mutter einmal an diesem Ort, aber nur vielleicht. Reisende in einem Trauerprozess verpassen einander leicht.«

Eine solche Hilfestellung kann viel von dem Gram nehmen, man trauere eigentlich ganz allein.

Trauer zu dolmetschen heißt, einer Mutter zu verdeutlichen, dass es eine Strategie, nicht eine bessere oder schlechtere, der jüngsten Tochter ist, nach dem Verlust des Vaters fast allabendlich auszugehen und in den wenigen Zeiten zu Hause laut stampfende Musik zu hören. Zu erklären, dass man auch in einer Disko den Vater im Herzen haben kann und dass sich gerade bei dieser Hardrock-Musik für eine 15-Jährige wunderbar und innig weinen lässt. Und die Tochter damit in Kontakt zu bringen, dass es Mutters Methode ist, eine Kerze anzuzünden und stundenlang regungslos in den dunklen Garten zu schauen, sodass die Tochter sich ausgeschlossen fühlt und nicht wagt, sie anzusprechen. Und dass keins von beiden besser oder schlechter ist, nur die jeweilige Möglichkeit für den jeweils anderen ist.

Dies kann dazu verhelfen, sich miteinander in einer gemeinschaftlichen, aber nicht einheitlichen Trauer zu begreifen und den beginnenden Graben zwischen Zugehörigen und Freunden wieder aufzuschütten.

Und die Kinder? – Was es gilt, beim Durchleben eines Verlustes im Blick auf Kinder zu beachten

Ein Ehepaar kommt in die Beratung. Beim Zurücksetzen mit dem Traktor ist ein furchtbares Unglück geschehen: Das mittlere von drei Kindern war der Weisung des Großvaters, vom Gefährt abzuspringen, nicht gefolgt und durch den Druck der Maschine gegen eine Mauer zu Tode gekommen. Das jüngste Kind zeigte mit zwei Jahren noch wenig Reaktion auf den Verlust und forderte unbekümmert Zuwendung und Spiel. Die große Tochter aber, mit ihren zehn Jahren und in der Sprödigkeit der

Vorpubertät eher ein Sorgenkind, äußerte eines Abends beim Zubettgehen: »Gell, Mama, es wäre dir fast lieber, ich wäre es gewesen!« Und die Mutter konnte dies mir gegenüber im Schutz der Begleitung unter großem Scham- und Schuldgefühl zugeben.

Es wäre müßig, über dieses Gefühl der Mutter zu debattieren, es als rabenmütterlich und ungerecht abzuwehren. Wiederum gilt es, das, was da ist, zu beachten und zu achten.

Dass die Eltern diese Bemerkung in ihrer Dimension als lebenshindernd erkannten und sie eine Begleitung aufsuchen ließ, war ein großer Schritt. Der nächste war, für diese Tochter eine im Wesentlichen nur für sie daseiende Person zu finden, die stellvertretend und vorübergehend den Part der besonderen Fürsorge und Teilhabe am Leben des Kindes übernahm. Dies konnte in der Patentante, der Schwester der Mutter, gelingend geschehen, da die beiden sich sowieso sehr mochten. Nach einigen Monaten war die Mutter selbst wieder in der Lage, den Blick auf die beiden anderen Kinder zu richten und ihnen liebevoll zu begegnen.

So wenig hilfreich es ist, die Schuldgefühle der Eltern über ihre nicht voll zur Verfügung stehende Aufmerksamkeit und über ihre nur eingeschränkt gefühlte und gezeigte Liebe zu verstärken, umso wichtiger ist es, den sogenannten Schattenkindern beizustehen. Sie leiden nicht nur am verlorenen Bruder oder der fortgegangenen Schwester, sie fühlen sich auch nicht mehr gesehen, nicht mehr vorhanden im Familiengefüge. Nicht selten wird dann mit kindgerechten Verhaltensweisen reagiert: Man versucht, Aufmerksamkeit zurückzuerhalten, indem sie erzwungen wird. Kinder werden in irgendeiner Form auffällig, indem sie neue, ungewohnte Verhaltensweisen an den Tag legen, indem sie erkranken, indem sie die Trauer der Eltern als Nische der Unaufmerksamkeit »nutzen«, sowohl als eigene Bestätigung wie auch nach außen getragene Begründung für normwidriges Verhalten und schulisches Versagen. All das können in sich anrührende Versuche sein, wieder in den Mittelpunkt oder wenigstens in die Peripherie der Wahrnehmung zu gelangen und nicht aus dem Netz herauszufallen ins Bodenlose. Andere Kinder verhalten sich angstvoll angepasst, vorschriftsmäßig und beispielhaft, um Mutter und Vater nicht noch mehr zu sorgen – und leiden später vielleicht ein Erwachsenenleben lang daran. Wieder andere versuchen tapfer und selbstüberfordernd, kleine Trauerbegleiter zu sein und dem heftig leidenden Elternteil steter Gesprächspartner zu sein und die eigene Kindheit hintanzustellen. Es gibt sogar kleine Helden, die den Eltern einen Gefallen zu tun glauben, indem sie in die Rolle des Verstorbenen gehen und ihre eigene Art aufgeben. Die Folgen eines solchen Identitätswechselversuchs müssen nicht ausgemalt werden, um das in die Irre Laufende begreiflich zu machen.

All diese Versuche sind nicht auf den Verlust eines Geschwisters begrenzt, sie finden sich auch nach dem Tod von Mutter oder Vater im Hinblick auf das zurückgebliebene Elternteil. Hier kommt hinzu, dass eine für die persönliche Entwicklung nötige erwachsene Person fehlt. Trotz der Normalität des Familienlebens ist das Leben ein anderes. Der Ausgleich, den Eltern durch ihre Zweiheit zwischen in der Erziehung notwendiger Grenzsetzung und Liebeszuwendung schaffen, muss von einem Elternteil geleistet werden. Die Abwicklung des Alltags und die letztliche Alleinverantwortung für Kinder, Haus und Hof liegen in einer Hand. Der Unterschied ist nicht unbedingt in Einschränkungen der Alltagsnormalität zu erkennen. Er liegt unterschwelliger und lässt spüren, dass die Familie nicht mehr komplett ist und sich zu einer neuen Familie finden muss. Kinder erfahren im Verlust eines Elternteils die grundsätzliche Bedrohung, die im Leben liegen kann. Verlustängste graben sich ein, die Kinder ihrem Temperament entsprechend auszuleben versuchen.

Trauernde Eltern oder der trauernde Elternteil ist selbst oft wie unter einer Glasglocke der Trauer, nimmt diese besonderen Verhaltensweisen der mit Trauer tragenden Kinder wohl wahr, kann sie vielleicht gar eindeutig als Trauerreaktion verstehen, hat aber nicht die Kraft, sich ständig helfend einzubringen. Es gibt auch den Zustand, dass die trauernden Erwachsenen selbst so in die Trauer eingeflochten sind, dass sie keine wirkliche Aufmerksamkeit für diese Hintergründe und Bemühungen und Anstrengungen der Kinder haben.

Umso wichtiger ist hier die Rolle von Verständnis der Zugehörigen und von Begleitung. Diese Begleitung beginnt nicht erst mit der Zeit nach der Beerdigung. Schon im Abschiednehmen, schon im Miterleben eines Sterbens (wenn der Tod als lange Krankheit kommt), im Miterleben der Vorbereitungen zur und der Beerdigung selbst – bis hin zur Mitwirkung dabei – werden wesentliche Weichen gestellt. Diese Weichen zu stellen heißt dann immer noch nicht, dass dann keine Probleme des Trauerdurchlebens mehr zu erwarten wären. Kinder haben durch Verständnis die Möglichkeit,

- einbezogen zu sein in die Verabschiedung und Begräbnisgestaltung, und nicht etwa »verschont« zu werden.
- die Umstände des Todes oder Verlustes genau zu erfahren.
- ohne Unterbrechung und Mahnung alles sagen zu dürfen (auch Bestrafungsängste, Schuldphantasien, Anklagen und Ausdrücken unbändiger Wut).
- ermutigt zu sein zum aussprechbaren Erinnern.
- Erinnerungen je eigen zu leben.
- Entlastung zu finden von offenen oder unausgesprochenen Aufträgen und »Vererbungen«.
- Erlaubnis zu bekommen für Rückzug, Alltag, Zukunftsplanung und individuelle Gestaltungsmöglichkeiten (Musik, Sport).
- entlastet zu werden von einseitigen Bedürfnissen anderer Mittrauernder.

Kinder sind als Trauer Tragende die verletzlichsten, weil das Leben, das nun in seinen Grundfesten erschüttert ist, gerade erst zu finden und zu erobern begonnen worden war. Da ist noch so wenig Festes, Vertrautes, auf dem gegründet werden könnte. Durch den Verlust wird alles noch einmal fraglicher, wackeliger, und das Kind, der Jugendliche bräuchte doch so sehr den festen Boden, um seinen eigenen Stand zu finden. Nun besteht die Gefahr, dass er an die

Planken des sinkenden Schiffs geklammert mit ihm unterzugehen droht. Vielleicht ist es gerade hier für die Erziehungsverantwortlichen und ihre Vertreter wichtig zu wissen, dass allzu viel Freilassung und schützen wollende Nachsicht gar nicht so gut tun, wie man denken könnte und den Boden nur noch mooriger machen. Es geht auch hier um Echtheit – die, die dem Kind zugestanden wird; die, die das Gemeinwesen, die Familie, der Kindergarten, die Schule, der Freundeskreis brauchen; die, die die Erwachsenen betrifft.

Was bleibt und nicht mit dem Verstorbenen gegangen ist
In der Zeit der neuen Anpassung an die geleerte Umgebung gewinnt der Aspekt des Bleibenden eine ungeheure Bedeutung. Er bildet den sicheren Boden, von dem aus das unbekannte Neuland betreten werden kann mit kleinen Probeschritten, wie auf Eis, immer prüfend: Trägt es und kann man den nächsten Schritt wagen? Das Bleibende ist die Brücke zwischen dem Vergangenen und der Zukunft. Es scheint beruhigend, etwas vom Verstorbenen als Seelenproviant mit sich zu tragen, das einen zwischendurch nährt auf der langen Trauerwegstrecke. Dieses Etwas können ganz kleine Dinge sein: Gesten, liebgewordene Angewohnheiten, Mimik, eine sprachliche Eigenheit, eine Masche, ein Tick. Es ist vorstellbar und glaubenswert, dass wir aus jeder berührenden Begegnung im Leben zumindest eine solche Kleinigkeit mitnehmen, die wir uns einverleibt haben.

Vor Jahren betreute ich in Köln den aidskranken Freund eines meiner Freunde, der in der Schweiz lebte und sich nicht ausreichend kümmern konnte. Die Begleitung war aus verschiedenen Gründen quälend. Einer der Gründe war, dass Heinz sehr wenig sprach, gegen Ende fast gar nicht mehr über seine Belange. Manches Mal saßen wir in der Uniklinik oder in seiner Wohnung, redeten Belangloses, schwiegen uns an. Obwohl ich verstand, dass es für ihn in seiner ausweglosen Situation nichts mehr zu sagen gab, war es kaum auszuhalten. Er hatte mir irgendwann früher einmal erzählt, dass er sein Leben als alleinstehender Mann, seine vielen Reisen und Kontakte sehr genossen habe, dass es ihm aber schmerzlich sei, als homosexuell empfindender Mann keine Kinder bekommen zu haben, die etwas von ihm über seinen Tod hinaus verkörperten. Dass seine Familie und sein Name mit ihm aussterbe und dass es eine große Sehnsucht in ihm sei, irgendetwas zu hinterlassen, dass er aber fürchte, dass sich bald gar niemand mehr seiner erinnere, da die meisten Begegnungen zwar auf den Moment bezogen intensiv, aber letztlich flüchtig gewesen seien.

Heinz hatte die Angewohnheit, irgendein Zögern von Menschen, so auch von mir, mit einem augenzwinkernden »Nur zu« zu ermutigen. Kurz vor seinem Tod ergab sich einmal eine Situation, in der deutlich war, dass er Hemmungen hatte, mich um das Anreichen von Nahrung zu bitten. Ohne nachzudenken, machte ich eine kleine Kopfbewegung, drückte ein Auge zu und sagte: »Nur zu.« Einen winzigen Augenblick sahen wir uns an, verstehend. »Das bleibt«, sagte ich noch, bevor sich unsere Blicke reichlich verlegen wieder trennten. Aber es hatte genügt.

Manchmal ertappe ich mich heute bei seinem »Nur zu«, das vorher nicht zu meinem Wortschatz gehörte. Dann höre ich seine Stimme, gedenke unserer schwierigen Beziehung, muss ein wenig lächeln und sage inwendig: Hallo, Heinz.

Diese kleinste Ausführung von Weiterleben nach dem Tod hat viel Tröstliches, nicht nur für die Zurückgebliebenen, sondern auch für die Menschen, die sich vor dem Sterben auf ihre schwerste Lebensaufgabe vorbereiten: sich selbst abgeben zu müssen. Sie werden eben nicht sang- und klanglos verschwinden, sondern im Leben ihrer Nächsten werden Spuren bleiben, Fährten, die von der Besonderheit und Ausschließlichkeit des Gewesenen erzählen.

Nicht alles geht verloren, wenn man einen geliebten Menschen verliert. Eigenschaften, Wesenszüge des anderen, die der Hinterbliebene im neuen Leben so schmerzlich vermisst, weil er sie aus sich nicht zur Verfügung hat, können aus der Erfahrung des gemeinsamen Lebens herausgefiltert und ins vereinzelte Leben übernommen werden. Aus ihnen kann geschöpft werden, wenn sie am nötigsten gebraucht werden.

Eine Frau vermisste nach der erzwungenen Trennung von ihrem Mann besonders sein ausgleichendes Wesen und sein Ruhebewahren, während sie eher aufbrausend war. In besonderen Situationen des Umgangs mit den Kindern, wenn sie ihren Reizpegel gefährlich steigen spürte, holte sie den Ehemann gedanklich in den jeweiligen Raum, wo er in ihrer Vorstellung auf einem Stuhl saß und ihnen zusah. Bald beruhigte sich ihre Atmung und sie hörte ihre Stimme die Schrillheit verlieren. Seine geistige Gegenwärtigkeit beruhigte die aufgebrachte Gegenwart.

In unserer Praxis der Trauerbegleitung erleben wir sehr häufig eine gelungene Integration des anderen nach allen vorausgegangenen Zeiten von Schock und Starre, Auflehnung und Suchen. Integration kann mit den Gedanken Meister Eckharts (1977; vgl. auch Fromm, 1976) zur Einheit beschrieben werden. Die Integration unterscheidet zwischen den Existenzweisen des Habens und des Seins. In der Existenzweise des Habens meint Liebe den Besitz des Geliebten, unter Umständen sogar seine Einschränkung, seine Gefangennahme: Man hat den anderen. In der Existenzweise des Seins hat diese Art von Haben wenig Bedeutung: Ich brauche nicht etwas zu besitzen, um es zu sehen, es zu genießen, mich daran zu erfreuen, daraus innere Bereicherung und Nutzen zu ziehen. Ich kann den anderen in mein Sein und mich hineinnehmen, versuchen, das, was ich liebe, (teilweise) zu werden oder zu sein.

Um den Gedanken mehr auf das Bleibende als auf das Vergangene zu richten, bieten wir in unseren Seminaren als Abschluss gelegentlich eine »Fußsohlen-Übung« an. Die trauernden Teilnehmer und Teilnehmerinnen erhalten zwei einer Sohle nachgebildete Papierformen. Sie werden gebeten, eine Sohle mit dem zu beschriften, was der Verstorbene in ihrem Leben hinterlassen hat und woraus sie zum Weiterleben schöpfen können. Auf die andere Fußsohle schreiben sie das auf, was sie an eigenen Fähigkeiten zum Umgang mit der Trauer in sich tragen und zur Verfügung haben. Anschließend stellen sie sich ohne Schuhe auf diese Sohlen und spüren nach, was bleibend und tragend ist für ihr weiteres Leben ohne den anderen.

Nach tränen- und seufzerreichen Seminartagen ist es für uns oft sehr bewegend zu erleben, wie viel Kraft und Zuversicht aus einer solchen Verdeutlichung geschöpft wird und wie in der Gewissheit der Lebensverbindung über den Tod hinaus die Umwandlung des Lebens greift.

Abschiedsgeschenk
Im Kinderbuch »Leb wohl, lieber Dachs« schildert die englische Autorin Susan Varley (1984) das Verhalten der Tiere, die ihren Freund, den Dachs, verloren haben. Nach einem langen Winter, in dem des Nachts die Kopfkissen von vielen Tränen benetzt werden, erinnern sie sich bei Anbruch des Frühlings der Fähigkeiten und Fertigkeiten, die der Dachs in ihnen geweckt und ihnen beigebracht hat. Als sie verstehen, dass ihnen dies nicht mehr fortgenommen werden kann, können sie den Dachs verabschieden.

Wahrzunehmen, was der verlorene Mensch im Hinterbliebenen hinterlassen hat, kann ein tief befreiender Moment im Trauererleben sein. Zu verstehen, dass bestimmte Eigenschaften von ihm von nun an in einem selbst vorhanden, ja sogar abrufbar sind, auch wenn der Träger dieser Eigenschaften nicht mehr erreichbar ist, stellt das Ende des akuten Trauerprozesses in Aussicht. Nun ist vieles, was den Verstorbenen für den Trauernden ausmachte an Wertigkeit, Wichtigkeit und Wesentlichkeit im Trauernden selbst und bildet das Rüstzeug für ein eigenständiges weiteres Leben ohne die körperliche Gegenwart des Toten. Er hat in ihm einen neuen Platz gefunden, bleibt gleichsam im Bewusstsein des um seinen Tod Wissenden anwesend.

Diesen Gedanken kann vielleicht die folgende Übung erfahrbar machen.

Nehmen Sie sich Zeit und suchen Sie sich einen Raum, in dem Sie ungestört sind, vielleicht auch einen Menschen, der Ihr Vertrauen besitzt und Sie in dieser Übung begleitet.

Erinnern Sie sich nun des verlorenen Menschen in aller Lebendigkeit. Lassen Sie ihn vor Ihrer inneren Leinwand auftauchen, nehmen Sie ihn mit allen Sinnen wahr und beginnen Sie von ihm zu erzählen, seinem Aussehen, seinen Angewohnheiten, seiner Art zu sein und zu leben.

Und nun benennen Sie eine Eigenschaft, die Sie besonders an ihm geliebt haben, die Sie zuzeiten besonders vermissen, benennen Sie diese Eigenschaft sehr genau und eingegrenzt (z. B. sein Verantwortungsgefühl der Familie gegenüber, sein unerschütterlicher Optimismus usw.). Während Sie nun Szenen beschreiben, in denen diese Eigenschaft deutlich wird, versuchen Sie ein Symbol zu finden, mit dem Sie dieses Merkmal verbinden. Das kann ein Gegenstand zu Hause sein, ein Kleidungsstück, ein Möbel, ein persönlicher Gebrauchsgegenstand (Die Zartheit des Großvaters im Umgang mit seinem Enkelkind wird nacherfahrbar am rauen Stoff seiner braunen Jacke, an welche die Kleine, auf seinem Schoß sitzend, manches Mal die Wange schmiegte. Die Genügsamkeit des Vaters, der auf äußere Statussymbole verzichten konnte, belebt sich in der Erinnerung an das zweigeteilte Volkswagen-Rückfenster, wenn er mit dem alten Gefährt knatternd, aber vergnügt vom Hof wegfuhr).

Wenn Sie das Symbol gefunden haben, so beschreiben Sie es so genau oder lassen Sie Ihren Begleiter so beharrlich nachfragen, dass es fast sichtbar, fühlbar, hörbar, riechbar bei Ihnen ist.

Dies vollziehen Sie drei- bis viermal, bis Sie einige wenige Symbole gefunden haben, zu denen drei bis vier Eigenschaften des geliebten Menschen gehören.

Nun verabschieden Sie sich wieder von Ihrem Verstorbenen. Das mag erneut einen Schmerz bei Ihnen hervorrufen, weil das Erzählen und Beleben ihn wieder besonders nah hat spüren lassen. Dennoch sollten Sie gerade dem Vorgang der Verabschiedung viel Zeit und Gefühl widmen.

Anschließend holen Sie sich die Symbole und die damit verknüpften Eigenschaften wieder vor Augen, langsam, der Reihe nach, und vergegenwärtigen sich, dass diese Geschenke Ihnen dagelassen wurden, auch wenn der Träger der Eigenschaften nicht mehr leibhaftig zur Verfügung steht. Mit Hilfe der Symbole, die nicht abnutzen, können Sie sich die besonders vermissten Anteile seines Charakters jederzeit in Ihr Leben holen, in dem Sie die Symbole sinnlich erinnern. Er selbst ist nicht mehr da, aber das, was er Ihnen hinterlassen hat, ist unwegnehmbar in Ihnen vorhanden.

Der verlorene Mensch bleibt im Zurückgebliebenen beheimatet. Das Unwiederbringlich des Anfangs ist abgelöst von einem Unwiedernehmbar, das sich auch in die Zukunft richtet. Diese Gewissheit schafft Vertrauen und Zuversicht. Die Integration ist keine Illusion, kein Ersatz, kein stellvertretendes Leben, sondern neue Wirklichkeit und daher tragend.

Der Verstorbene kann in Teilen zum Vorbild werden, aber er ist es nicht in der Form, dass der Trauernde sich ängstlich bei jeder Entscheidung fragen muss, was der Verstorbene wohl dazu gesagt hätte. Der Trauernde wird frei von den Buchstaben der Gegenwart dieses bestimmten Menschen, frei dazu, stattdessen in seinem Geiste zu handeln, vielleicht gerade deswegen, weil er erst jetzt die Intentionen und das Wollen des Verstorbenen voll begreift.

Am Ende seiner Traueraufzeichnungen bedankt sich C. S. Lewis bei seiner verstorbenen Frau für die in der Trauer erlebte Einmütigkeit und die »Wiedervereinigung« zwischen ihnen:

»Kein Gefühl der Freude oder des Kummers, nicht einmal Liebe im üblichen Sinn.
Auch nicht Nicht-Liebe […] und doch herrscht ein vollkommenes und frohes Einvernehmen. Ein Einvernehmen, das nicht durch Sinne oder Gefühle vermittelt war […]
Woher immer es stammen mag, es hat meinen Geist einer Art Frühjahrsreinigung unterzogen. So könnten die Toten sein: Reine Intelligenzen! Einen griechischen Philosophen hätte eine Erfahrung wie die meine nicht überrascht. Er hätte gar nichts anderes erwartet, als dass nach dem Tod, wenn überhaupt etwas, dann genau das übrig bleibe. Bisher schien es mir eine höchst trockene oder frostige Vorstellung.

Das Fehlen von Gefühlen stieß mich ab. In dieser Begegnung aber [...] empfand ich nichts dergleichen. Es bedurfte keines Gefühls, das Einvernehmen war vollkommen auch ohne es – sogar erfrischend und erholsam. Könnte dieses Einvernehmen die Liebe selbst sein ...?« (Lewis, 1991, S. 87 ff.).

So ist denn wirkliches Abschiednehmen, wie das deutsche Wort so schön ausdrückt, auch ein Nehmen, nicht nur ein Verlieren.

Wandel
»Verdorrte Blätter zeigen
uns was der Tod vermag.
Wir kleiden uns in Schweigen
und düstern mit dem Tag.
Es kreisen schon die Krähen
um alles was verfällt.
Der Herr lässt es geschehen,
dass nichts zusammenhält.
Und ist es dann geboten,
dass endet was begann,
so flehen wir die Toten
um neuen Wandel an.«

Rose Ausländer (1995)

Adressen

Bundesverband Trauerbegleitung e. V.
c/o Christine Stockstrom
Linzeweg 16
34346 Hann. Münden
info@bv-trauerbegleitung.de
05545–6990130

AGUS. Zugehörige um Suizid
Bundesgeschäftsstelle
Markgrafenallee 3 a
95448 Bayreuth
kontakt@agus-selbsthilfe.de
0921–150 03 80
www.agus-selbsthilfe.de

*Deutscher Hospiz- und
PalliativVerband e. V.*
Aachener Straße 5
10713 Berlin
030–8200758–0
info@dhpv.de
www.dhpv.de

*Deutsche Gesellschaft für
Palliativmedizin*
Aachener Str. 5
10713 Berlin
030–30 10 100 0
dgp@dgpalliativmedizin.de
www.dgpalliativmedizin.de

*Bundesverband Verwaiste Eltern
und trauernde Geschwister in
Deutschland e. V.*
Roßplatz 8a
04103 Leipzig
kontakt@veid.de
0341–9468884
www.veid.de

Literatur

Ausländer, Rose (1995). Wandel. In Rose Ausländer, Die Erde war ein atlasweißes Feld. Gedichte 1927–1956. Frankfurt a. M.
Borchert, Wolfgang (1947). Draußen vor der Tür. Hamburg.
Brathuhn, Sylvia; Adelt, Thorsten (2015). Vom Wachsen und Werden im Prozess der Trauer. Neue Ansätze in der Trauerbegleitung. Göttingen.
Buber, Martin; Rosenzweig, Franz (1976). Die Schrift. Die hebräische Bibel. Verdeutscht von Martin Buber gemeinsam mit Franz Rosenzweig. 4 Bde. Heidelberg.
Fleck-Bohaumilitzky, Christina (Hrsg.) (2000). Überall deine Spuren. München.
Fromm, Erich (1976). Haben oder Sein. Die seelischen Grundlagen einer neuen Gesellschaft. Stuttgart.
Gibran, Khalil (1994). Der Prophet. Düsseldorf.
Hahn, Ulla (2003). Unscharfe Bilder. München.
Halbfas, Hubertus (2011). Glaubensverlust. Warum sich das Christentum neu erfinden muss. Ostfildern.
Hemman, Isabella (2015). Das Alphabet der Trauer. Mit Texten zum tieferen Verständnis von Verlusten. Göttingen.
Huxley, Aldous (1932). Schöne neue Welt. (»Welt wohin? Ein Roman der Zukunft«). Leipzig.
Kachler, Roland (2009). Meine Trauer geht – und du bleibst: Wie der Trauerweg beendet werden kann (4. Aufl.). Freiburg.
Kast, Verena (1982). Trauern. Phasen und Chancen des psychischen Prozesses. Stuttgart.
Kierkegaard, Søren (1844/1992). Der Begriff Angst. Stuttgart.
Klass, Dennis; Silvermann, Phyllis R.; Nickman, Steven L. (Hrsg.) (1996). Continuing Bonds. New Understandings of Grief. London.
Kopp-Breinlinger, Karina; Rechenberg-Winter, Petra (2007). In der Mitte der Nacht beginnt ein neuer Tag. Mit Verlust und Trauer leben (3. Aufl.). München.
Kutter, Erni (2010). Schwester Tod. Weibliche Trauerkultur, Abschiedsrituale, Gedenkbräuche, Erinnerungsfeste (2. Aufl.). München.
Lammer, Kerstin (2014). Trauer verstehen. Formen – Erklärungen – Hilfen (4. Aufl.). Neukirchen-Vluyn.

Langenmayr, Arnold (2013). Einführung in die Trauerbegleitung. Göttingen.
Längle, Alfried; Bürgi, Dorothee (2016). Wenn das Leben pflügt. Krise und Leid als existentielle Herausforderung. Göttingen.
Leidfaden – Fachmagazin für Krisen, Leid, Trauer (2012 ff.). Göttingen.
Lewis, Clive Staples (1991). Über die Trauer (3. Aufl.). Zürich.
Meister Eckhart (1977). Deutsche Predigten und Traktate. Hrsg. und übers. v. Josef Quint. München.
Methfessel, Annedore (2007). Trauerarbeit und Spiritualität. Chancen einer begleitenden Seelsorge. In Frank Vogelsang (Hrsg.), An der Grenze unseres Lebens. Erfahrungen in der Nähe des Todes und ihre theologische Deutung. Dokumentation der Tagung, 13.–15. Oktober 2006 in der Evangelischen Akademie im Rheinland (= Begegnungen 35/2006, S. 39–57). Bonn.
Mirtschink, Diana (2012). Dieser Schmerz zerreißt mir fast das Herz. Trauern als Weg. Neubrandenburg.
Mitscherlich, Alexander; Mitscherlich Margarete (1977). Die Unfähigkeit zu trauern. Grundlagen kollektiven Verhaltens. München.
Mucksch, Norbert (2015). Trauernde hören, wertschätzen, verstehen. Die personzentrierte Haltung in der Begleitung. Göttingen.
Müller, Heidi, Willmann; Hildegard (2016). Trauer: Forschung und Praxis verbinden. Zusammenhänge verstehen und nutzen. Göttingen.
Müller, Monika (2004). Dem Sterben Leben geben. Die Begleitung sterbender und trauernder Menschen als spiritueller Weg (5. Aufl.). Gütersloh.
Müller, Monika (2014). Trauergruppen leiten. Betroffenen Halt und Struktur geben. Göttingen.
Müller, Monika; Brathuhn, Sylvia; Schnegg, Matthias (2014). Handbuch Trauerbegegnung und -begleitung. Theorie und Praxis in Hospizarbeit und Palliative Care (2. Aufl.). Göttingen.
Müller, Monika; Heinemann, Wolfgang (2015). Ehrenamtliche Sterbebegleitung. Handbuch mit Übungsmodulen für Ausbildende (2. Aufl.). Göttingen.
Müller, Monika; Pfister, David (Hrsg.) (2014). Wie viel Tod verträgt das Team? Belastungs- und Schutzfaktoren in Hospizarbeit und Palliativmedizin (3. Aufl.). Göttingen.
Müller, Willy Peter (2014). Trauer in Träumen. Traumbilder können helfen und heilen. Göttingen.
Neimeyer, Robert A.; Harris, Darcy L.; Winokuer, Howard R.; Thornton, Gordon F. (Eds.) (2011). Grief and Bereavement in Contemporary Society: Bridging Research and Practice. New York.
Nietzsche, Friedrich (1980). Kritische Studienausgabe. Bd. 4. Berlin.
Parkes, Colin M. (1996). Bereavement: Studies of Grief in Adult Life (3. Aufl.). London.
Parkes, Colin M. (2000). Counselling Bereaved People – Help or Harm? Bereavement Care, 19 (2), 19–21.

Paul, Chris (2006). Warum hast du uns das angetan? Ein Begleitbuch für Trauernde, wenn sich jemand das Leben genommen hat (5., überarb. Aufl.). Gütersloh.
Paul, Chris (2014). Keine Angst vor fremden Tränen! Trauernden Freunden und Angehörigen begegnen. Gütersloh.
Piumini, Roberto (1994). Matti und der Großvater. München.
Rechenberg-Winter, Petra (2015). Leid kreativ wandeln. Biografisches Schreiben in Krisenzeiten. Göttingen.
Roser, Traugott (2014). Sexualität in Zeiten der Trauer. Wenn die Sehnsucht bleibt. Göttingen.
Rückert, Friedrich (1988). Kindertotenlieder. Mit einer Einleitung neu hrsg. v. Hans Wollschläger. Nördlingen.
Schenk, Marion (2014). Suizid, Suizidalität und Trauer. Gewaltsamer Tod und Nachsterbewunsch in der Begleitung. Göttingen.
Schnegg, Matthias (2014). Erwärmen in der Trauer. Psychodramatische Methoden in der Begleitung. Göttingen.
Schneider, Helga (2003). Kein Himmel über Berlin. Eine Kindheit. München u. Zürich.
Schopenhauer, Arthur (1999). Die Kunst, glücklich zu sein. München.
Seel, Martin (2015). 111 Tugenden, 111 Laster. Eine philosophische Revue. Frankfurt a. M.
Sörries, Reiner (2012). Herzliches Beileid. Eine Kulturgeschichte der Trauer. Darmstadt.
Spiegel, Yorick (1989). Der Prozess des Trauerns. Analyse und Beratung. München.
Tan, Dursun (1998). Das fremde Sterben. Sterben, Tod und Trauer unter Migrationsbedingungen. Hannover.
van der Hart, Onno (2010). Abschiedsrituale. Lernen, leichter loszulassen. Paderborn.
Varley, Susan (1984). Leb wohl, lieber Dachs. Heidelberg.
Wienands, András (2005). Choreographien der Seele: Lösungsorientierte Systemische Psycho-Somatik. München.
Wiesel, Elie (1986). Macht Gebete aus meinen Geschichten. Essays eines Betroffenen. Freiburg.
Wilber, Ken (1994). Mut und Gnade. In einer Krankheit zum Tode bewährt sich eine große Liebe – das Leben und Sterben der Treya Wilber. München.
Witt-Loers, Stephanie (2010). Trauernde begleiten. Eine Orientierungshilfe. Göttingen.
Witt-Loers, Stephanie (2014). Trauernde Jugendliche in der Familie. Göttingen.
Worden, William J. (2011). Beratung und Therapie in Trauerfällen (4. Aufl.). Bern u. a.
Zwierlein, Eduard (2014). Denken kann trösten. Trauer verständnisvoll begleiten. Göttingen.

Gelassen sterben!? Ein offenes Gespräch über ein unausweichliches Thema

Verena Begemann / Daniel Berthold / Manfred Hillmann
Sterben und Gelassenheit
Von der Kunst, den Tod ins Leben zu lassen

Mit einem Vorwort von Andreas Heller.
2., erg. Auflage 2015. 176 Seiten, mit 15 farbigen Illustrationen von Karin Lenser, kartoniert
ISBN 978-3-525-40345-7

eBook: ISBN 978-3-647-40345-8

Wenn wir schon nicht gelassen leben, wie sollten wir dann gelassen sterben können? Sind die eigene Endlichkeit und Gelassenheit überhaupt zusammenzudenken? Eindrucksvoll und unmissverständlich empfiehlt uns der Tod, sich besser früher als später damit auseinanderzusetzen. Drei Experten aus dem Hospiz- und Palliativbereich inspirieren dazu, sich auf die Gelassenheit einzulassen. Sie wagen das Experiment, sich dem letzten aller Abschiede vorausschauend zu nähern. In behutsamer Ehrlichkeit geben sie Ängsten, Abschieden und Trauer, Hoffnungen und Lebensfreude den nötigen Raum. Das Autorenteam schöpft aus dem Wissen großer Vorbilder: Religionen und Weisheitstraditionen, Literatur und Philosophie, Psychologie und Therapie. Es schöpft aber auch aus Einsichten in Einzelschicksale: Wenn Menschen vor der Herausforderung stehen, Halt im Haltlosen zu finden.

* Der Band ist mit farbigen Bildern der Künstlerin Karin Lenser illustriert.
* Das E-Book enthält Audio-Dateien mit den von den Autoren selbst gesprochenen Kapiteln 2, 7 und 15.

Verlagsgruppe Vandenhoeck & Ruprecht | V&R unipress

www.v-r.de

Edition Leidfaden – eine Auswahl

Norbert Mucksch
Trauernde hören, wertschätzen, verstehen
Die personzentrierte Haltung in der Begleitung
2015. 127 Seiten, mit 2 Abb., kart.
ISBN 978-3-525-40255-9

Das Menschenbild und die therapeutische Haltung und Methodik der personzentrierten Psychotherapie kommt auch Menschen in Trauer zu gute. Trauerbegleiter sind gut beraten, sich dieses Know-how zu eigen zu machen.

Isabella Hemmann
Das Alphabet der Trauer
Mit Texten zum tieferen Verständnis von Verlusten
2015. 107 Seiten, kartoniert
ISBN 978-3-525-40248-1

Das Lese- und Vorlesebuch bietet im Unverständnis der Trauer Orientierung und rückt das Verstehen in den Mittelpunkt. Der vielseitige Textfundus kann in der praktischen Trauerbegleitung kreativ genutzt werden.

Alfried Längle / Dorothee Bürgi
Wenn das Leben pflügt
Krise und Leid als existentielle Herausforderung
Mit einem Vorwort von M. Köhlmeier.
2016. 121 Seiten, mit 5 Abb. und 10 Tab., kartoniert
ISBN 978-3-525-40259-7

Krise und Leid sind existentielle Erfahrungen. Warum sie das Leben so tief durchwühlen können und wie damit konstruktiv und bejahend umgegangen werden kann, ist das Thema dieses Buches.

Petra Rechenberg-Winter
Leid kreativ wandeln
Biografisches Schreiben in Krisenzeiten
2015. 147 Seiten, mit 5 Abb. und Download-Material, kartoniert
ISBN 978-3-525-40258-0

Biografisches Schreiben ermöglicht, existenziellen Eindrücken und schmerzhaften Erfahrungen eine Sprache zu geben und sich heilsam mit Erlittenem auseinanderzusetzen. Das Arbeitsbuch bietet praxiserprobte Schreibinterventionen.

Weitere Bände der Reihe unter www.v-r.de/trauer

Verlagsgruppe Vandenhoeck & Ruprecht | V&R **unipress**

www.v-r.de

Fundierte Kenntnisse für die Arbeit mit Trauernden

Monika Müller / Sylvia Brathuhn / Matthias Schnegg
Handbuch Trauerbegegnung und -begleitung
Theorie und Praxis in Hospizarbeit und Palliative Care

Unter Mitarbeit von T. Adelt,
T. Breidbach, C. Fleck-Bohaumilitzky,
F. Grützner, M. Kern, D. Klass,
B. Papendell, D. Pfister, R. Rosner,
M. Weber, S. Zwierlein-Rockenfeller
2. Auflage 2014. 292 Seiten,
mit 3 Abb. und 1 Tab., kartoniert
ISBN 978-3-525-45188-5
eBook: ISBN 978-3-647-45188-6

Das Buch will das Bewusstsein für Trauerleiden und -erleben schärfen und den Mitarbeitern palliativer Versorgungsdienste und von Hospizen Handwerkszeug anbieten, mit diesem Thema kompetent umzugehen.

»Als Grundlagenliteratur ist diese Neuerscheinung uneingeschränkt zu empfehlen sowohl für bereits in der Trauerbegegnung und -begleitung tätige Menschen, wie auch für solche, die sich auf eine solche Aufgabe vorbereiten (wollen) und nicht zuletzt für alle im hospizlichen und palliativen Bereich Tätige.«
Zeitschrift für Palliativmedizin (Norbert Mucksch)

»Theoretisches Grundlagenwissen und der Transfer in die Praxis werden umfassend abgedeckt. Neben den Hauptautoren bereichern etliche einschlägige Autoren das Buch mit ihren fachlichen Beiträgen.« *gute-trauer.de*

Verlagsgruppe Vandenhoeck & Ruprecht | V&R unipress

www.v-r.de

Leidfaden. Fachmagazin für Krisen, Leid, Trauer

Monika Müller /
Sylvia Brathuhn (Hg.)
Spiritualität als (ein) Weg der Welterfassung
Leidfaden 2016 Heft 1.
2016. 98 Seiten mit zahlr. farb. Abb.
kartoniert
ISBN 978-3-525-80613-5

Im Themenheft zu Spiritualität der Zeitschrift »Leidfaden« geht es um eine kritische Würdigung des mittlerweile inflationär gebrauchten Begriffs. Definitionsversuche aus Sicht der Theologie und Religionssoziologie werden ebenso diskutiert wie Fragen nach dem Verhältnis zwischen Spiritualität und Moral und Spiritualität und Wissenschaft.

Lukas Radbruch /
Heiner Melching (Hg.)
Ehrenamt – Unbezahlt und unbezahlbar
Rolle und Bedeutung in der Hospiz- und Palliativarbeit
Leidfaden 2015 Heft 4.
2015. 94 Seiten mit zahlr. farb. Abb.
kartoniert
ISBN 978-3-525-80612-8

Ehrenamt ist nicht nur eine Ergänzung der medizinischen und pflegerischen Versorgung. Ohne Ehrenamtliche würde eine Lücke klaffen, die noch mehr Leid bei Kranken, Sterbenden und Trauernden bedeuten würde.

Die Zeitschrift **Leidfaden** können Sie auch abonnieren! Mehr dazu unter www.v-r.de/leidfaden

Verlagsgruppe Vandenhoeck & Ruprecht | V&R unipress

www.v-r.de